近現代中華文化思想叢刊

# 清末新知識界的社團與活動

## 上冊

桑兵　著

# 目次

# 自敘

　　「知識分子」在中國是一個界定模糊的概念，同時又是很難棄置的概念。嚴格說來，中國是文化集合體，漢族與中華民族，都是靠獨樹一幟的文化來凝聚和維繫。如果說文化是中國的靈魂，那麼知識人便是傳導靈魂於肌體的神經。從士子童生到新學師生，知識人扮演的角色都是文化載體，在將文化內化為主體意識的同時，使炎黃子孫代代相傳，華夏文明生生不息，中國得以聚合、延續、繁衍。古語云：國不可一日無君。其實中國歷史上無君或名存實亡的時候不少，而國魂不滅，國體猶存，原因在於有一個由大大小小的士人組成的群體聯結地方與中央，認同鄉土與道統，維繫傳統與未來。就此而論，中國實在是不可一日無知（知識人）。

　　令海外中國學研究者大惑不解的問題之一是，一個人口眾多，幅員遼闊，小傳統千姿百態，根深蒂固，國家政權又相對簡小，對社會控制也不嚴密的中國，何以能夠經歷分合治亂的循環往復而凝聚愈緊，久不衰竭。而世界歷史上單靠強權控制社會的大帝國，生命力鮮有持久者。縱覽世紀之交的中國知識人對於國家、民族、政府、地域的見解及其合群結社活動，可以悟出幾分道理。近代人認為，亡國並不可怕，只要知識者的人心不死，國魂尚存，終有復甦振興的一日。哀莫大於心死，國觴即是知識人心死的祭日，那時中國文化將變成化石。中國知識人的使命的確任重道遠，特別是在時代紀元新舊交替之際，他們如何在自我脫胎換骨的同時令民族重現生機，其心路歷程值得深入探索。

　　然而，由於界定的含混，泛泛而論，未免失之空洞。中國近代新知識群主要由留學生、國內學堂學生以及接受西學的開明士紳三部分人組成，我的上一部習作即以晚清國內學堂學生為對象，這一部則以世紀之交的留日學生與新學之士為主，圍繞他們的結社活動來探測其群體意識的形成及其如何活化國魂，維繫國體。

　　對近代新知識群的分類定性，容易受時政與教條的影響而簡單化。深入史實，發覺戊戌之際汪康年、葉瀚等江浙士紳與康有為、梁啟超的磨擦衝突，不能完全納入洋務與維新矛盾的框架，而從維新到革命之間，並非只有革命與保皇的對立，後來也不單演化為共和與立憲的分歧。許多當事人都提到過那時趨新勢力包含若干政見利益淵源千差萬別的派系，其中多數人既不歸附保皇，也未加入革命。夏曾佑稱之為革政派。他們大都是受過不同程度西學薰陶的開明士紳，面對甲午戰後「大局日非，伏莽將起」的嚴峻形勢，感到「我輩願為大局效力，必須聯絡人才，以厚其勢。」他們擔心國家陷入內亂外禍，一般不肯輕易訴諸極端形式。但如果朝廷官府一意孤行，棄黎民百姓於不顧，那麼無論他們的思想學術多麼正統，出身仕途多麼純正，都會暗中聯合江湖草莽，斷然實行暴力變政。用他們自己的話說：「得死君國，不失為忠，委曲求濟，不失為智，稍有建樹，不失為勇，扶順抑逆，不失為義。左之右之，惟其是而已矣。否則事不閱歷，跬步荊棘，一腔熱血，無處施展，豈不惜哉。」[1]總之，只要能救國，不排除任何方式。

　　在此宗旨和策略原則下，他們與各種反清離異勢力廣結善緣，嘗試使用各種方式，只是在排滿一點上，覺得沒有必要。套用改良或保

---

1　《汪有齡來書》，上海圖書館編：《汪康年師友書札》（一），上海古籍出版社1986年版，第1059頁。

皇的政治框架，很難涵蓋其靈活多變的策略方針與廣泛複雜的社會聯繫。如果要找一個共同基點，那麼必定是由傳統士人天下己任的抱負和近代知識分子的國民主體意識交織而成。這種情況到一九〇五年後依然存在，革命與立憲的對立，不能完整地表達新知識群錯綜複雜的政見分歧與派系關係。深入一層將甲午至乙巳間新知識界的變化發展從人脈上循序釐清，更能具體把握前後的聯繫與區別。

重現複雜的歷史，必須從史料入手。史學本應首先仔細準確地揭示豐富生動的史實，然後加以歸納，而不能從主觀演繹，甚至削足適履地犧牲史實以求吻合抽象的原則。本書對於史料史實，窮搜深究，不厭其詳，並不以早有定論作為躲懶的藉口。我想藉以表達的是自己對於中國近代史研究的一種理想化觀念（以前及現在研究的晚清國內學堂學生和近代傳播業，寄託了我的另外兩種理想觀念），它包括三個方面：

其一，有的學者認為，考據和編年是史學的最後堡壘。在當代社會人文科學正日益分解化合史學的功能，因而令一些人彷徨於危機襲來之際，找到史學不能為其他學科所替代的基因，並大力發揮其潛力，實屬必要。因為，與此同時，許多社會學科也正在從史學領域尋找創新的動力。作為一門古老的學科，史學伴隨古今中外的各種文明度過漫長歲月而歷久不衰，其中必然蘊藏著人類社會不可或缺的內在價值。認真領悟史學大師陳寅恪關於史料與史學的種種精闢論述，如預流與未入流，真材料與偽材料，多數彙集與少數脫離，真了解之同情與穿鑿傅會之列等，誰能說作為歷史學基礎和命脈的史料學只是簡單堆砌，史學沒有深邃內涵？這種「一方面吸收輸入外來之學說，一方面不忘本來民族之地位」而得的「自成系統，有所創獲」，具有民族與史學的兩重不可替代性。只有在中國這樣有著悠久歷史和浩瀚史料，而重史信史又導致史實變形的環境裡，才能產生史學的獨特認識

價值。拾遺補闕，辨偽求真，了解移情的過程，也正是認識中國的過去、現在和未來的歷程。從中發現和揭示的是歷史固有的內在聯繫，而非外部強加的架構，可免「其言論愈有條理統系，則去古人學說真相愈遠」之弊。近代中國屈指可數的幾位學術大師無不與史學相關，個中原因，除新學建立的時代潮流使然外，學科本身具有的超越與深邃，也昭示這是一片蘊育大師的沃土和託載哲人的磐石。

其二，史學的這一不可替代性功能對於中國近代史的研究尤為重要。中國古代史的研究，特別是明清以前部分，在傳統史學度過正名、資治的混沌階段後，從乾嘉漢學到近代新學，側重發掘學術的獨立價值，經歷了數百年許多代人對於文獻史料的發掘整理，排比考校，進而澄清史實，探求脈絡，為分析闡釋提供了堅實的基礎，並由此樹立了可供後人仿效運用的學術規範。相比之下，近代史的研究起步晚，又與時政、思想纏繞糾葛，而且史料龐雜，未經充分的發掘整理。因此，研究者處理自己的課題更應慎之又慎，盡可能窮盡有關史料，並做足排比考校功夫，對史實的來龍去脈及各方聯繫了然於胸，再下論斷，切不可以論代史，觀點先行。否則，輕率結論只會令歷史在不斷增多的形形色色見解中日益失真。

況且，就學術價值而言，論證的過程往往比結論更為重要，因為前者更能體現學術的規範性，更易於測量學術貢獻的程度。任何一種選編過的資料，在推動和方便研究工作的同時，都難免或多或少地產生制約導向作用，甚至被視為取巧的捷徑。而學術批評監督機制的不健全，更助長了以臆念和二手資料拼裝成果的不良學風，史學的嚴謹功夫和基本規範被忽略，甚至有關研究成果也得不到應有的重視。最典型的事例是，關於軍國民教育會的屬性，早在一九六二年，金沖及、胡繩武先生就做過詳細考證，發表在《光明日報》上。但直到二十世紀八〇年代，多數著述仍然重複以往的誤說。以兩位先生的聲

望和《光明日報》的顯要，這種有違於起碼學術規範的疏忽實在令人費解。與對某些所謂熱門論爭趨之若鶩的情形相比，反差更為明顯。

在沒有經過認真清理的史料上構築中國近代史的大廈，好比沙上築樓，基礎很難穩固。常用近代史料中有相當部分為回憶錄，受時間、政局、人事等因素的影響，錯誤、疏漏、甚至有意掩飾誇張扭曲之處在所難免。保皇會的勤王運動，癸卯元旦留日學生排滿演說即是顯著事例。而大量原始資料又往往夾雜隱語代號，難以釋讀，容易引起錯解，造成死結。更多的情況則是撲朔迷離，真假難辨，一次性去偽不一定能還原史實，正氣會即為一例。另外，美國的謝文孫教授曾以長篇專著審查分析史書，認為孫中山在辛亥時期的聲望地位，很大程度上是由新舊正統史學所重構。這固然澄清了問題的一面。但重新查閱當時的各種史料，發覺孫中山的確得到新知識界，特別是激進分子們的普遍擁戴，只是帶有幾分偶像化色彩，而這種偶像化色彩後來被進一步渲染。由此可見，把領袖捧上神壇，不得不以真實價值為犧牲。而後來者在正本清源之際，應切忌偏執一端。

由豐富史料帶來的大量細節，對人物事件感同身受，了解之同情的態度在近代史研究中更為重要。以外在觀念解釋拼裝，勢必重蹈清代經學與近代古史研究之弊。如隨著研究領域在時間和層面的不斷下移，地緣性越來越多地支配了學術眼界。然而，這種受社會學與人類學影響的觀念方法，並非由中國的社會文化生成。作為大小傳統長期並存互滲的文化集合體，中國的知識人早有天下觀念和大文化意識，並以此凝聚維繫國運族體。這在人類歷史上可謂絕無僅有，而為外部人難於理解。將近代知識界社團的地緣性由次要服從地位誇大為支配因素的解釋中，不難察覺學者自身的鄉土意識（來自學術淵源與社會關係兩方面），實際上是套用觀察分析上古初民或近代部落社會的方法觀念看待中國文化的錯位。

　　有人認為，史學只能重構而非重現歷史。按照克羅齊的看法，歷史總是人們心中的歷史，因而一代人有一代人的歷史。即使不受克羅齊的影響，也早有人批評乾嘉漢學的考據後來失之繁瑣。如果將問題的一面引向極致，我們不能不同意這種看法有其合理性。然而，從另一角度探查，見解可能大相徑庭。描述一段歷史的代表性版本，如果細節上存在過量的錯漏、含混、歧異之處，勢必引起對整體可信度的懷疑，表明研究尚處於有待於完善深化的成長階段。隨著眾多具體問題的填充補白，糾謬匡正，總體格局很可能會相應改觀。庚子年那一幕大戲的底本與流行版之間的差異，便是有力例證。誠然，對歷史的認識永遠不會與歷史本身完全重合。這裡要強調的是，差距越大，研究的成熟度越低，發展潛力越大。中國近代史的研究不僅層面亟須擴展，即使就政治史而言，也遠未見底。只要做足史學的基本功夫，心中的歷史與古人的歷史就可以不斷接近溝通，而免於清代經學與近代古史研究的流弊。

　　其三，不論克羅齊如何說，求真始終是史學的基本價值之一。其意義不僅僅在於促使認識與史實的不斷接近，而是那樣一種追求體現了人類精神生活的崇高境界。近代學術大師王國維將文史哲作為真善美的載體，從中發掘人類價值的極則。無獨有偶，西方哲人馬斯洛也以真善美為人類需求的終極目標。而華夏先賢則視文史哲為致聖之道。孔子影響後世既深遠且廣大的《詩經》、《春秋》、《論語》，以現代的分類，即分別代表文史哲。春秋筆法固有其倫理標準，但孔子只是依據當事各方的身份地位，通過表述隱寓褒貶之義。東西賢哲所體現的，是永恆與短暫的抗衡。古往今來，任何需要犧牲史實才能維護的準則，或遲或早總要調整變更。而包括求真在內的對永恆的追求，正是知識分子堅持社會良心的基本規範。悖離於此，便僅具軀殼。

　　二十世紀中國人追求過太多的短暫，到頭來盛極一時無不化作過眼雲煙。一個具有五千年文明史的民族，本身必定蘊藏著大量永恆的基因以及表現永恆的形式，能夠反映人類社會的共同理想。就史學的學術性而言，考據編年不僅有作為規範化史學最後堡壘的消極永恆，更有以求真達到人類終極境界的積極永恆。與其分心於那些轟動一時，快意片刻，而很快便時過境遷，棄如敝屣的短期效應，不如反樸歸真，從基礎功夫中探尋中華民族源遠流長，獨步當世的內在價值，以免在亢奮與懺悔的輪迴中痛苦一世，或以玩世不恭的態度遊戲人生。這並非排斥求新創意。只要我們按照嚴謹規範老老實實地繼承前人（史學常青與永恆的唯一秘訣便是傳承），從而理解和運用地道的西學與地道的中學，就能夠領悟並且進入學問無所謂中西新舊有用無用的意境。

　　棄短暫而求永恆，是我對於社會、人生、宇宙的領悟。儘管短暫多於永恆，我卻有幸沿著歷史與史學的紐帶把握住永恆，並由此捕捉到中國知識人的使命與史學功能價值的結合點。

　　幸而在求真的荊途上並非孤身跋涉。我先後在四川大學、中山大學和華中師範大學完成了從本科到博士的學業，受惠於幾位學問風格堪稱楷模的導師的教誨，並且承蒙他們賜福，得以和許多師長同仁朝夕相處，請益切磋，又結識了海峽兩岸眾多的前輩同行，更得到海外學術界師友的關懷幫助。他們的指教、勉勵、督促、提攜，成為我專心向學的動力、依託和憑仗，令我對世人視為畏途的茫茫史海鉤沉發生莫名所以的沉迷與執著，從中領略到人生的極大喜悅。我要特別感謝日本亞細亞大學的容應萸博士、日本女子大學的久保田文次教授、神戶學院大學的中村哲夫教授、中國社會科學院近代史研究所已故李宗一副所長、王學莊研究員、上海復旦大學歷史系陳匡時教授，本書幾章中的一些關鍵資料，是他們慷慨提供或指引迷津，予以方便。否

則便難以解開死結。更為重要的是，他們那種對於後學的支持和對於
學術的熱衷，成為我將學問當成目的而非手段來追求的精神支柱。

一九九二年盛夏於廣州康樂園

# 第一章
# 興漢會的前因後果

　　興漢會是庚子前興中會與長江流域秘密會社結交的組織形式，又與漢口自立軍密切相關。但有關資料多屬事後回憶，因而長期語焉不詳，且多舛錯，很難據以判斷孫中山和興中會的宗旨策略及其與各方的關係。二十世紀八〇年代年代中期，日本的上村希美雄先生根據東京對陽館所藏與會人員當時的題詞，撰寫了《從舊對陽館所藏史料看興漢會的成立》一文，[1]對該會的成立日期、與會人員等問題進行了詳細考證。我在參與編輯《孫中山年譜長編》時，利用上村先生贈給中山大學孫中山紀念館的對陽館藏史料照片，參照其研究成果以及其他資料，對有關問題做了進一步探討，並在《孫中山生平活動史實補正：1895-1905年》一文中略加論述。[2]近年來，圍繞此事的新史料不斷有所發現，在排比考校的基礎上，對興漢會的緣起、組成、演變、歸宿及其內外關係進行綜合論述，已有可能而且必要。

## 一　緣起

　　興漢會由興中會、哥老會、三合會聯合組成。此事緣起，據林圭說：

---

1　日本辛亥革命研究會編：《辛亥革命研究》第5號，1985年10月。
2　《中山大學學報論叢‧孫中山研究論叢》第4集，1986年。

滿事未變以前，中峰主於外，既變而後，安兄鼓於內。考其鼓
內之始，安兄會中峰於東而定議，與平山周遊內至漢會弟，乃
三人同入湘至衡，由衡返漢。其中入湘三度，乃得與群兄定
約。既約之後，赴港成一大團聚，於是本公司之名大噪，而中
峰之大英豪，人人始得而知仰企矣。[3]

中峰，即孫中山，安兄，即畢永年，當時其易名為安永松彥。[4]
兩人是興漢會成立的關鍵人物。

戊戌前孫中山主於外，含義有二，其一，孫中山一直主張利用和
改造民間會黨武裝進行反清革命。一八九六至一八九七年滯留倫敦
時，他「每日入圖書館，考查歐洲會黨發達之歷史，思為本國人謀其
改良進步，知其不可以壓制除也，冀有以利導之。」他認為：「我國
雖式微，即彼野蠻會黨，其初起時曷嘗非政治上之目的，抑亦有種族
之觀念存也。」[5]與之關係密切的大英博物館東方部主任道格拉斯，
對中國秘密結社的情形相當熟悉。倫敦蒙難事件後，記者曾向他採訪
對中國會黨的看法，他說：「中國私會在在皆是，推原私會之起，大
半因政府所致。官長貪暴，故百姓結成私會，為自護計。」「其中最
強者為哥老會。此會結成已久，入會之人，現在約計一兆名。其結會
之意，專與官長相敵。而會勢之所以強者，以會首有所曉諭，會中之
人莫不唯命是聽，而生殺之權，操自會首一人。」[6]孫中山可能與他

---

3　《林圭致孫中山代表容星橋書》，杜邁之、劉泱泱、李龍如輯：《自立會史料集》，
　　長沙，嶽麓書社，1983年版，第322頁。

4　古哀州死者（林紹先）輯：《自立會人物考》，杜邁之、劉泱泱、李龍如輯：《自立
　　會史料集》，第300頁。在興漢會為宮崎寅藏題詞時，畢永年自署安永生。

5　秦力山：《說革命》，彭國興、劉晴波編：《秦力山集》，北京，中華書局，1987年
　　版，第142-143頁。

6　《中國私會》，譯自1897年11月6日倫敦《東方報》，《時務報》第17冊，1898年1月
　　13日。

討論過哥老會的問題。據南方熊楠稱，他最早就是從道格拉斯處得知孫中山其人的。[7]

其二，孫力圖將興中會的組織與活動擴展到長江流域。興中會雖以粵籍人士為主，但孫中山絕非自囿畛域，其大中華觀念使之從一開始就以建立全國性組織為目標，以拯救中國為目的，興中會章程明確表達了這種意向。廣州起義失敗後，孫中山一度想把發難之地向北推移。一八九七至一八九八年間，他與宮崎寅藏討論過四川、河南、山東、江蘇等省的地利人和，雖然認為廣東利於聚人，但也同意海州利於接濟和進取。同時他還注意到湖南的社會變化，既覺得湘鄂「多是粗蠻之人，雖富豪子弟，亦不讀書，多尚拳勇之徒」，又讚歎：「湖南一省昔號為最守舊之地，今亦改變如此，真大奇也。」[8]

作為鼓於內的關鍵人物，畢永年「八歲即隨父叔來往軍中」[9]，又夙具種族觀念，早已暗中與會黨有所聯繫。戊戌之際，康梁等翻然變計，獨畢氏堅持「非我族類，其心必異之說」，與湖南各地哥老會諸首領楊鴻鈞、李雲彪、張堯卿等往來，且投身會中，被封為龍頭。政變前夕，康有為以其為會黨好手，命他率兵督袁世凱軍圍頤和園殺西太后。畢認為袁不可信，予以拒絕，離京至滬，聞政變「自斷其尾，火其貢照，示不復再隸於滿清之治下。」[10]然後逕赴日本，見孫中山，入興中會。不久，唐才常亦東渡日本，由畢永年介紹與孫中山結識，商議湘粵及長江沿岸各省起兵計劃。

7　《南方熊楠日記》，《南方熊楠全集》別卷2，東京，平凡社，1971年版，第231頁。

8　廣東省社會科學院歷史研究室、中國社會科學院近代史研究所中華民國史研究室、中山大學歷史系孫中山研究室合編：《孫中山全集》第1卷，北京，中華書局，1981年版，第180-183頁。

9　畢永年：《詭謀直紀》，引自湯志鈞：《乘桴新獲──從戊戌到辛亥》，南京，江蘇籍出版社，1990年版，第28頁。

10　民表：《畢永年傳》，杜邁之、劉泱泱、李龍如輯：《自立會史料集》，第229頁。

是年十一月，唐才常奉康有為之命歸國運動起兵勤王，臨行告訴平山周，湖南哥老會有起事之兆。畢永年雖不知湘中實情，也接到湖南「飛電急催」，感到形勢「已箭在弦上，不得不發。」他告訴犬養毅：「湘人素稱勇悍，彷彿貴邦薩摩，今回因西后淫虐已極，湘人激於義憤，咸思一旦制其死命」[11]，並請求犬養毅鼓動日本政府出面干預。平山周聞訊，以為起事應四方同時並舉，獨湖南一隅興師必不利，因而與孫中山等商議。孫乃趁機派畢永年、平山周赴湘鄂考察哥老會實力。出發前，諸同志為其設宴餞別，席間畢永年賦詩敘懷：

> 日月久冥晦，川嶽將崩摧。中原羈虜淪華族，漢族文物委塵埃。又況慘折忠臣燕市死，武后淫暴如虎豺。湖湘子弟激憤義，洞庭鼙鼓奔如雷。我行遲遲復欲止，蒿目東亞多悲哀。感君為我設餞意，故鄉風味儼銜杯。天地澄清今有待，大東合邦且徘徊。短歌抒意報君睨，瞋看玉帛當重來。[12]

抒發表達了強烈的反清情緒和堅定的赴義決心。十一月十五日，宮崎寅藏特赴橫濱為平山等人送行。[13]

畢永年、平山周經上海行抵漢口，與林圭相會。平山對林十分器重，贈以寶刀，並偕遊長沙、瀏陽、衡州等地，訪晤哥老會頭目李雲彪、楊鴻鈞、李堃山、張堯卿等人，向他們講解興中會宗旨及孫中山生平。[14]畢永年「因譚（嗣同）死而九世之仇益橫互於胸中，遂削髮

---

11 《畢永年與犬養毅筆談》，湯志鈞：《乘桴新獲——從戊戌到辛亥》，第402頁。
12 《留別同志諸君子》，湯志鈞：《乘桴新獲——從戊戌到辛亥》，第407頁。
13 明治三十一年十一月二十八日東京警視總監大浦兼武致青木外相乙秘第655號。
14 馮自由：《中華民國開國前革命史》第1冊，上海，中華文化服務社，1946年版，第306頁。

往來江湖間，欲糾集同志。林嘗左右之，一至上海，自此而其政治思想為一大變。」以前「林囿於歐（榘甲）說，其崇拜康氏有如星日。然至見聞既廣，乃自笑其前此之私淑，真為井蛙夏蟲。由是廢棄文學，以實行家自任，不欲其能力伸暢於理想之一途。乃與畢氏謀縱火於長沙，因而襲取之，沿江而下。」[15]一些史料和著述稱畢、林偕遊及謀攻長沙發生於畢氏東渡前，其實政變後畢即逕赴日本，上述事件應在其從日本返國之後。可惜林圭年少，閱歷不足，而畢永年理想雖高，卻缺乏條理，計劃不克成就。行動失利，畢氏到漢口任《漢報》筆政，等待孫中山的指示。畢、林之謀表明，湖南人士曾一度想獨力舉兵，未達目的，更加重了對孫的寄望。

畢永年活動於湘漢之際，平山周回到日本，向孫中山報告，哥老會龍頭多沉毅可用，畢永年所說屬實，而且會黨均翹首以待義軍。如興漢會揭竿而起，必定天下回應。孫遂力主湘、鄂、粵同時大舉。是年夏，畢永年再次赴日，奉孫中山之命二次內渡，偕各龍頭赴香港與陳少白協商合作辦法。[16]這時粵港興中會員靜極思動，屢請行動，孫中山傳令不得輕舉。其用意顯然是想突破一八九五年廣州起義囿於一隅的局限，掀起全國大風潮。為此，他提議先派興中會員去菲律賓「參與阿氏軍隊，幫助他迅速成功，然後將餘勢轉向中國大陸，在中原發動革命軍。」[17]這裡中原並非泛指，而是對湘鄂有所布置期望。

一八九九年七月十一日，宮崎寅藏奉孫中山之命前往廣東視察地

---

15　民表：《林錫圭傳》，杜邁之、劉泱泱、李龍如輯：《自立會史料集》，第231頁。
16　《畢永年削髮記》，馮自由：《革命逸史》初集，北京，中華書局，1981年版，第74-75頁。陳少白赴港籌款辦報，在一八九九年四、五月間。孫中山指示畢永年率哥老會首領赴港，應在此後。其間畢氏任《漢報》筆政。
17　宮崎滔天著，佚名初譯，林啟彥改譯、注釋：《三十三年之夢》，廣州，花城出版社、三聯書店香港分店，1981年版，第156頁。

方幫派情況，七月二十八日抵香港。[18]這時陳少白接到畢永年來信，知其「將率領哥老會的首領數人到香港」，因而讓宮崎暫緩進入內地。九月，哥老會首領持畢永年介紹函先到，其中兩位骨幹主動向陳少白等表示：「現今世運大開，國事亦非昔比，我國豈能固步自封？」提議合併三合、興中、哥老三會以及擁立孫中山為首領，並說：「現在，如不了解國際情勢，貿然揭竿而起，則將遺禍於百年之後。而我們會黨之中無人通曉外國情況，所以，對孫先生期待甚切。希望畢先生到後共商此事。」[19]宮崎聞聽之下，大喜過望，立即匯款給因阮囊羞澀而滯留上海的畢永年，促其速來。[20]

十月初，畢永年趕到香港。幾天後，舉行了合併會議。與會者共十二人，其中哥老會七人，三合會二人，興中會三人。屬哥老會者為李雲彪、楊鴻鈞、辜人傑、柳秉彝、李堃山、張堯卿、譚祖培，屬三合會者為曾捷夫、鄭士良，屬興中會者為陳少白、畢永年、王質甫。[21]因事先醞釀成熟，很快便接受畢永年的提議，決定公推孫中山為總會長，會名忠和堂興漢會，以興中會「驅逐韃虜，恢復中華，創立合眾政府」的綱領為總會政綱，並歃血盟誓，刻製印信奉呈孫中山。[22]

十月十一日晚，為慶祝合併成功，宮崎寅藏在香港的日本飯館設宴招待眾人，出席者除參加合併會議的十二人外，另有四人。席間宮

---

18 近藤秀樹：《宮崎滔天年譜稿》，宮崎龍介、小野川秀美編：《宮崎滔天全集》，第5卷，東京，平凡社，1971年版。

19 宮崎滔天著，佚名初譯，林啟彥改譯、注釋：《三十三年之夢》，第168頁。

20 一說其時畢永年易名安永松彥，「遍遊福建等處，日本領事萬島舍松，合中日旅閩志士大開歡迎會以張之。」見《自立會人物考》。另據《林圭致容星橋書》，畢永年曾在兩粵、閩浙一帶進行鼓動。

21 參見拙文《孫中山生平活動史實補正》，《中山大學學報論叢・孫中山研究論叢》第4集，1986年。

22 馮自由：《革命逸史》初集，第75頁：宮崎滔天著，佚名初譯，林啟彥改譯、注釋：《三十三年之夢》，第170頁。

崎按日本武士出征的禮儀，為每人擺上一尾生鯉魚，並解釋道：「現在諸位已將三會合而為一，行將一舉推翻滿虜，豈不也是要走上新戰場嗎？」[23]遂與眾人大杯豪飲盡歡。賓客紛紛為宮崎題詞賦詩作畫於短外衣上，王質甫詩曰：

英傑聚同堂，詩酒記離觴。從今分別去，戎馬莫倉皇。

陳少白詩為：

溫溫其人，形影相倚。昔有書紳，今昧此意。

畢永年詩：

金石之交，生死不渝。至情所鍾，題此襟裾。

柳秉彝詩：

將相之才，英雄之質，至大至剛，惟吾獨識。

李權傑詩：

牡丹花伴一枝梅，富貴清閒在一堆。莫羨牡丹真富貴，須知梅占百花魁。

---

23　宮崎滔天著，佚名初譯，林啟彥改譯、注釋：《三十三年之夢》，第171頁。

辜人傑詩：

負劍曾來海國游，英豪相聚小勾留。驪歌一曲情何極，如此風
光滿目愁。

張燦（堯卿）詩：

久聚難為別，秋風咽大波。柔腸君最熱，離緒我偏多。恨積欲
填海，心殷呼渡河。如膠交正好，此去意如何。

譚祖培詩：

天假奇緣幸識荊，話別愀然萬念生。感君厚意再相見，且將努
力向前程。[24]

　　湘鄂會黨首領多為粗人，而與會者除楊、李兩位山主外，個個能
詩，應是經過刻意挑選，以便與知識人居多的興中會打交道。但這樣
一來，代表的權威性便要打些折扣。

　　興漢會成立後，與會者分三路赴兩粵、閩浙和上海，將結果向各
地同志彙報。宮崎放棄了進入廣東的計劃，於十月二十一日與陳少白
離開香港，[25]返回日本，以便向孫中山報告情況，呈獻興漢會會長印
信。十一月九日，舟抵橫濱，兩人逕往孫的寓所。[26]善於把握機會的
孫中山趁勢逼楊衢雲讓出興中會會長的位置。廣州起義前，興中會內

---

24 據上村希美雄贈中山大學孫中山紀念館原件照片。
25 上村希美雄：《宮崎兄弟傳》，亞洲篇上，葦書房有限會社，1984年版，第273頁。
26 明治三十二年十一月二十一日神奈川縣知事淺田德則致青木外相秘甲第589號。

部兩派曾就這一位置發生糾紛，楊衢雲雖然當上會長，但在海內外的影響遠遠不及孫中山，無論是清政府還是國際社會，都視孫為首領。倫敦被難事件後，陳少白在日本《神戶新聞》撰文《中國的改革》，稱孫中山「是唯一具體把握局勢，又具有能使民族更新的一往無前的勇敢精神的人」。謝纘泰即致函轉載該文的《中國郵報》，聲明：「改革派的領袖是楊衢雲」，「孫逸仙僅僅是改革運動的重要組織者之一。」[27]這種名實不符與內耗的情況，不利於興中會的活動和組織發展。孫中山的要求與楊衢雲的讓步，都是順乎情合乎理之事。

## 二　維新派介入

　　興漢會的緣起，與維新派也有一定關係。戊戌政變後，康梁等一批維新人士亡走東瀛。孫中山屢次主動前往拜訪，希望洽商合作事宜，均遭康有為拒絕。先此，一八九八年七、八月間，東亞同文會的井手三郎等人與孫中山、陳少白、宮崎寅藏、平山周、犬養毅、中西正樹、池謙讓菊、神鞭知常等頻繁往來，「商議聯合各派力量」，[28]試圖利用變法維新之機，加緊對華行動。因而孫康合作也一度為日本人關注支持。無奈康有為十分頑固，擔心與反清人士交往，有損其忠臣形象，危及權力來源。早在政變前，他就因平山周是「孫文黨」而不願相見，並指責引薦的畢永年，令畢覺得「殊可笑矣」。[29]到日本後，康有為又因畢永年先訪孫中山，且不贊成保皇主張，而「頓起門戶之

---

27　《中國郵報》1896年11月30日。轉引自黃宇和《分析孫中山倫敦被難及其影響》，J.Y.Wong: The Origin of An Heroic Image: Sun Yat-sen in London, 1896-1897. 1986, p119-122。

28　《井手三郎日記》，明治三十一年七月二十九日，見湯志鈞：《乘桴新獲——從戊戌到辛亥》，第382頁。

29　《詭謀直紀》，湯志鈞：《乘桴新獲——從戊戌到辛亥》，第26頁。

見，閉門不納。」雙方矛盾日趨尖銳。據說康因畢永年在某報播揚其陰謀，「益深切齒畢，欲得而甘心焉。嘗使其徒某在橫濱一帶地覓亡命，曰：『有能刺殺畢者，以五千元酬之。』」[30]雙方可謂勢不兩立。

然而，唐才常的介入使關係複雜化。唐雖有種族意識，但對康有為十分欽佩。戊戌後，他力主起兵勤王，並希望聯合各派勢力大舉興師，遊說孫中山接受兩黨聯合進行的建議。孫表示：「倘康有為能皈依革命真理，廢棄保皇成見，不獨兩黨可以聯合救國，我更可以使各同志奉為首領。」[31]唐才常得到這一允諾，邀梁啟超同向康有為進言。儘管後者固執己見，聯合努力一再受挫，孫中山卻未就此放棄。他一面與唐才常訂約合作，一面努力爭取梁啟超。而唐、梁等人在合作問題上並不以康有為的頑固立場為然，比較熱衷於聯合。一八九八年十一月二十四日，楊衢雲函告謝纘泰：「我們的計劃獲得成功，和湖南的『維新派』取得合作。」這顯然是指唐才常。同時，「由於自私和妒忌的緣故，兩黨聯合可能有困難。」[32]這裡則是指草堂係師徒。

謝纘泰從一八九六年起就與康有為、康廣仁兄弟有所接觸，洽談過聯合與合作。無論從宗旨的分歧程度還是聲望的高下著眼，康有為都寧肯接受楊衢雲而避開孫中山。在謝纘泰的勸說下，他表示贊同在維新工作中聯合與合作。一八九九年三月，康有為離開日本後，梁啟超等與興中會的交往明顯增多。儘管在組織合併方面仍存在諸多分歧，但雙方關係日見緊密。湖南維新派與興中會的成功合作，對於梁啟超無疑有所觸動。而孫、梁關係的發展，又對唐才常、畢永年的交

---

30 民表：《畢永年傳》，杜邁之、劉泱泱、李龍如輯：《自立會史料集》，第229-230頁。

31 馮自由：《革命逸史》初集，第74頁。

32 謝纘泰著，江煦棠、馬頌明譯：《中華民國革命秘史》，中國人民政治協商會議廣東省委員會文史資料研究委員會編：《廣東文史資料‧孫中山與辛亥革命專輯》，廣州，廣東人民出版社，1981年版，第302-303頁。

往產生影響。

　　唐、畢二人的宗旨立場明顯有別，因此楊衢雲稱前者為湖南維新派，而後者為湖南革命黨。[33]但兩人都是譚嗣同的舊交摯友，政變後一勤王一革命，很大程度上是要為譚烈士復仇還願，實現其未竟夙志。同時，他們彼此也堪稱生死之交。政變前夕，畢永年請康有為急催唐才常入京，與自己同擔捕殺西太后的重任。僅此一事，可見兩人肝膽相照的互信程度。畢雖與康有為反目成仇，對唐才常卻深信不疑。而唐為實現大舉計劃，既要藉重康有為的聲望資財，又要依靠畢永年的會黨武裝，同時還要與以孫中山為首的革命黨、以汪康年、葉瀚為首的江浙開明士紳等各種政治派別溝通合作。一八九八年十一月，畢永年與平山周抵達上海後，得知唐才常與康有為保持聯繫，頗為不滿，但並未因此產生戒心。次年十月他赴港前羈留上海，當與唐才常接洽，甚至可能就住在唐的寓所。興漢會成立後，宮崎、陳少白赴日途經上海，曾登岸拜訪唐於其寓所，並將史堅如託付給他，請其設法引至湖北。所以，畢永年聯絡湘鄂會黨成功的消息，唐早應獲悉。

　　當然，保皇會中對合作一事反應積極的只是梁啟超等人，興中會對於康有為一派染指興漢會的企圖不無警惕。畢永年到港，而合併會未開之際，湖南哥老會首領師襄也從上海趕來香港。師襄字中吉，嘗從譚繼洵仕清，以軍功保都司，任譚的衛隊長。後棄官隨譚嗣同四處奔走，戊戌後改投唐才常。他素為會黨中人，是哥老會的股肱，但興中會懷疑他私通康派，欲將其排斥於會議之外，經宮崎勸說才改變態度，好意款待，以促成合作大局。

　　會議前夕，師襄忽然潛往廣東，此行極可能是與當地保皇會或澳

---

33 謝纘泰著，江煦棠、馬頌明譯：《中華民國革命秘史》，中國人民政治協商會議廣東省委員會文史資料研究委員會編：《廣東文史資料‧孫中山與辛亥革命專輯》，第302-303頁。

門總局接洽，歸來後即詐稱在粵接到急信：「說我黨已在長江一帶起事。目下眾首領皆在此處，而部下竟輕舉妄動，若不趕緊前去領導，只怕要惹起不測的禍患。」使得同寓的會黨首領人心惶惶。幸而宮崎當即指出：「這是別有用心的人散布的謠言」，才穩住軍心。宮崎察覺到師襄「勾結康派，企圖從孫派手裡奪取這些幫會的領導」的用心，與陳少白商議，以託其照顧內地同志為名，將他支走。師襄臨行表白：「心裡並沒有孫、康之別，只願能同心合力早日起義。」[34]此去即赴上海，參加唐才常的活動。

值得注意的是，唐才常正是通過上述途徑得知興中會與湘鄂會黨結盟的確信後，函邀林圭等人歸國籌備起事的。先此，林圭「以急激故，亦為鄉里所不容。」[35]一八九九年七月，應梁啟超之招赴日，肄業於東京高等大同學校。因費用仰給於粵商，橫遭他人白眼，又受日本報刊辱罵中國人的刺激，加上他以實行為目的，讀書非其所好，遂向梁啟超請求歸國。恰值唐才常函邀，於是順勢踏上歸途。十一月十三日，梁啟超、沈翔雲、戢元丞等人在東京紅葉館為其餞行。是日上午七時，孫中山和陳少白由橫濱趕赴東京，與大隈重信、犬養毅等會晤後，出席紅葉館送別會，平山周、宮崎寅藏等也在座。席間各人舉杯預祝前途勝利，大有風蕭蕭兮易水寒之慨。「梁啟超還把合作的話，殷殷商酌。」[36]林圭出發前親詣孫中山請益，孫為之介紹在漢口俄辦順豐茶行當買辦的興中會員容星橋。[37]這時孫已經接到陳少白、宮崎送來的印信，是以興漢會總會長的身份與會。而林圭回國的目

---

34 宮崎滔天著，佚名初譯，林啟彥改譯、注釋：《三十三年之夢》，第169-170頁。

35 民表：《林錫圭傳》，杜邁之、劉泱泱、李龍如輯：《自立會史料集》，第231頁。

36 陳少白：《興中會革命史要》，中國史學會編：《中國近代史資料叢刊・辛亥革命》（一），上海人民出版社，1956年版，第60-64頁。

37 馮自由：《中華民國開國前革命史》上編，重慶，中國文化服務社，1944年版，第66-67頁。

的，正是到湖南聯絡會黨。所以，孫中山允諾提供幫助，無疑具有重要意義。

　　紅葉館送別會出現於孫、梁合作的高峰期，當時雙方正進入洽商聯合組黨的關鍵階段。但唐才常雖與孫中山訂約合作起兵，也只限於殊途同歸。而孫、梁關係不斷受到其他因素干擾，在康有為阻撓、華僑中兩派衝突及諸同門掣肘的影響下，梁啟超的態度時冷時熱，不僅曾明確表示暫時不願合作，甚至一度「蹤跡不得不疏。」[38]況且梁本人也有宗旨利益私見。因而雙方聯合中競爭時起，共事時磨擦不斷。

　　唐才常讓林圭回湘，顯然是想利用畢永年取得的成果，增強己方實力，與興中會保持均衡。本來畢永年赴湘聯絡會黨，即與唐才常協商確定，只是他不滿於唐與康有為來往，而奉孫中山為領袖。所以唐才常也不便直接找畢，要拉林圭代為出面。但唐並未到湖南從事過組織發動，只能提供一紙計劃，而無任何實際準備。孫中山雖然答應與梁、唐合作，可是組織合併尚未實現，他不會輕易將剛剛到手的成果拱手送人。他答應向林圭提供的，只是外部幫助，而不是奉上興漢會的組織系統。

　　紅葉館送別會後，林圭當晚乘船前往神戶，與田野桔次同赴上海。和他同時接到唐才常邀請的「尚有四人，十日前已先發。」[39]此四人應為李炳寰、田邦璇、蔡鍾浩、唐才中。宋恕日記載：己亥十月，「晤湖南自東回田、李諸君。」[40]馮自由《中華民國開國前革命史》稱：「唐既有志於湘鄂，以林與會黨素有關係，乃約林及秦、蔡、田、李等回國大舉，復由林邀鄂人傅慈祥、粵人黎科、閩人鄭葆晟、燕人蔡丞煜等相助。」[41]林圭等人係高等大同學校同學，行動自

---

38　《梁啟超與犬養毅筆談》，湯志鈞：《乘桴新獲——從戊戌到辛亥》，第406頁。

39　田野桔次：《最近支那革命運動》第1章，《哥老會巨魁唐才常》。

40　胡珠生：《宋恕日記摘要箋證》，《中國哲學》，第11輯。

41　馮自由：《中華民國開國前革命史》上編，第66頁。

如，而傅慈祥等分屬成城學校、東京帝國大學和日華學堂，不能無故
離校，直到次年暑假才歸國參與自立軍事。據黃鴻壽《清史紀事本
末‧自立軍之失敗》記，林圭「偕行者慈利李炳寰、田邦璇、武陵蔡
鍾浩、長沙秦鼎彝、及才常之弟才中，共五人。」另據黃中黃（章士
釗）《沈藎》：「己亥冬，林圭乃返國，偕之者五人，即李炳寰、田邦
璇之流也。」[42]而秦力山《說革命》稱：他於舊曆臘月往天津，次年
二月，經上海至漢口，[43]似不在同行之列。

　　林圭抵滬後，與唐才常、張通典相會，在唐的寓所住了一星期，
然後與沈藎等一起出發赴湘。唐才常於一八九九年十一月二十一日手
書一函，託林圭帶到漢口面呈東亞同文會支部長宗方小太郎，函謂：
「茲有沈君愚溪、林君述唐擬與田野桔治君同往湖南，開辦學堂、報
館等事。此舉頗繫東南大局，至為緊要。必須開創之時，極力衝破，
以後舉行諸事，自然順理成章。」[44]此行真實目的，三年後田野桔次
在所著《最近支那革命運動》一書中予以披露：

> 湖南以長沙為首府，掘湘江之委流，帆檣殷闐，百貨充斥，固
> 支那革命之一大市場也。爰擬於此設哥老會之中央本部，以為
> 革命之運動。惟哥老會名目，不可公然發表，而為滿清官吏之
> 所側目，故使予開學校，並設新聞社，暗中盛為運動。

　　他們準備途經漢口時，知會張之洞，利用其為保護。不料「當時
上海有日本愚物三人也，竟向予等之計劃直開反對之運動，以阻撓之
不使行。」所謂「三愚物」，當指白岩龍平、宮阪九郎和荒井甲子之
助。據前引唐才常致宗方函：「頃悉白岩、荒井、宮阪諸君，皆於日

---

42 中國史學會編：《中國近代史資料叢刊‧辛亥革命》（一），第290頁。
43 彭國興、劉晴波編：《秦力山集》，第158頁。
44 湯志鈞：《乘桴新獲──從戊戌到辛亥》，第200頁。

內來漢妥商一切，務乞先生與數君子及沈、林二人公同會議，謀定後動，但求挾一必行之志，毋為浮議所移，湖湘幸甚，大局幸甚。」由於白巖等人從中播弄，「因不能籠絡張之洞，倘往湖南，則予輩之生命，恰如風前之燈，其危險不可言喻。」[45]林圭只好放棄原定計劃。直到這時，唐才常與興漢會的關係，仍是相當表淺的外在間接聯繫。如果認為林圭等人一開始就以漢口為目的地，則不免誇大唐派勤王計劃的組織準備程度。實際上，戊戌後唐才常只是短期回鄉省親，因遭頑固黨糾集無賴圍毆，即匆匆離去，並未與會黨建立密切關係。[46]其主要活動舞臺是上海。

## 三　意外之果

田野桔次說：

> 予於湖南計劃之運動既為三愚物所破壞，其反動之勢力遂轉而成兩方面，一曰漢口之旅館，二曰上海之正氣會是也。[47]

這兩方面都導致唐才常、林圭與興漢會中哥老會首領的加速結合。

> 湖南之行既不果，少年林君留漢口，謀為哥老會之所寄宿者。開一旅館，平時以為生業，而陰以便其黨徒，實以為會合商議之聚點。蓋哥老會員常集於此，以計東西之聯絡也。[48]

---

45 田野桔次：《最近支那革命運動》，上海，新智社，1903年版，第7-11頁。
46 唐才質：《唐才常烈士年譜》，湖南省哲學社會科學研究所編：《唐才常集》，北京，中華書局，1980年版，第274頁。
47 田野桔次：《最近支那革命運動》，第11頁。
48 田野桔次：《最近支那革命運動》，第10頁。

　　林圭臨時改變計劃，原來的中轉站成了目的地，一時間財政上「窮無所告」，[49]人事上無從措手，不得不求助於畢永年和容星橋。本來孫中山介紹容星橋給林，不過是便中相助，現在卻成為林圭的主要依靠。而容星橋也積極施助。他和畢永年分別捐助林圭三百金、二百元，以解燃眉之急，使之站穩腳跟。又與林屢次商議，認為「必大合而後能辦妥」，在漢口設立公所一處，一則為群兄議會團聚之地，以免人心渙散，二則掩人耳目。開始容星橋欲將公所設在租界，因房價太貴，改在僻靜的老官廟擇上首小房一所。同時，林圭還與容星橋、張堯卿計劃開銀礦輪棧以籌款聚人，並派人到各路探險聯絡，以「義群公司」名義相號召。本來唐才常邀林圭回湘，既有利用畢永年所招會黨勢力之意，又想通過師襄等以本派名義重新聚合。至此，則只能依靠興漢會的現成力量了。好在畢、林原有合謀長沙之議，而興漢會又因畢永年移居漢口而將活動重心轉到湖北。

　　與畢永年、容星橋的聯繫使林圭等人得以結識興漢會的湘鄂哥老會首領。一八九九年十二月下旬，辜人傑、張堯卿及其同志二十六人在漢口揚子江幹第一酒樓宴請田野桔次，其中半數以上是會黨頭目。他們剛剛從香港聚會歸來，一見田野桔次「即奮呼曰：『日本豪傑來！』」以玻璃大杯豪飲數十杯。田野以此非中國習俗，不勝奇異，乃叩問張堯卿。張大笑答曰：「此是香港流行之飲酒法也。吾嘗在香港，與日本豪傑宮崎滔天會飲，即是滔天之傳授也。」酒至酣時，哥老會員「裂眥大罵，放歌高談，頗有無賴漢之狀。惟張君震聲高吟亡國之詩云：『神州若大夢，醉眼為誰開？湖海詩千首，英雄酒一杯。』」[50]

---

49 民表：《畢永年傳》，杜邁之、劉泱泱、李龍如輯：《自立會史料集》，第230頁。
50 田野桔次：《最近支那革命運動》，第9頁。

　　這一結合對雙方均發生重要影響。林圭方面，開始將自己與孫中山、興漢會相聯繫，認為所從事的是繼續兩年以來由孫中山籌畫，畢永年、平山周實行的事業，遙奉孫為首領；派張堯卿與容星橋一起專程赴日，向孫中山彙報有關情況，請其務必商定辦事的方針規則，以便加速開展活動；人事安排上也十分重視孫的態度意見。孫中山方面，林圭的轉向和漢口的進展，促使其相應調整對策，委派容星橋「專辦湘漢之事」。儘管在具體方針上與張堯卿等「所商尚無一定之規」，[51]但已不僅是從旁協助。至此，雙方都傾向於真正的合作大舉，並將長江中游作為重心。

　　然而，正氣會的成立卻對漢口方面林圭與興中會的合作產生牽制作用。湖南計劃放棄後，唐才常召沈藎回滬，加緊籌辦正氣會。先此，唐在滬已開始聯絡各方人士，其寓所中「海內外之有志者，日日相續而來。」[52]只是因為行動重心定在湖南，暫時未在東南一帶籌建組織。湖南計劃受阻，唐才常決定漢口、上海並重，發動長江中下游一帶的會黨和革新志士，由林圭負責漢口，運動湘、鄂、皖、豫、川各省：他本人則負責上海，主要運動江淮地區。

　　一八九九年十二月下旬，正氣會成立於上海。關於該會成立的時間及成員，歷來說法不一。一九八四年胡珠生發表《正氣會及其〈會序〉三題》，利用《宋恕日記》等資料，力證《正氣會序》為丁惠康所撰，強調丁惠康、汪康年在創立正氣會過程中的重要作用。[53]但他在匡正張難先、馮自由等人記載之誤的同時，忽略了許多當時的文獻資料，過分側重於從宋、丁相交的角度立論，完全否認唐才常的地位

---

51　《林圭致孫中山代表容星橋書》，杜邁之、劉泱泱、李龍如輯：《自立會史料集》，第322頁。一些論著根據吳良愧《自立會追憶記》，稱容閎為孫中山代表，顯係與容開（星橋）相混淆。孫中山以容閎為外交代表，在自立軍失敗之後。

52　田野桔次：《最近支那革命運動》，第7頁。

53　《歷史研究》，1984年第6期。

作用，不免以偏概全。對此，陶季邑提出不同意見，認為正氣會的創建者不能排除唐才常。但其考證仍嫌粗疏，特別是未能從時間、組織上劃清正氣會、自立會和中國議會的界限。[54]此事關係到興漢會中哥老會首領「倒戈」的時間及程度，有必要詳加考論。

據直接介入唐才常等人活動的田野桔次稱，正氣會是林圭等湖南之行受挫的產物之一。其籌劃或早已開始（《正氣會序》寫於一八九九年夏），但未付諸行動。湖南之行不果，唐才常加快了組織步伐。

> 正氣會之宗旨，以糾合愛國正氣之仁人君子為主，此雖空空漠漠之主意，然欲集結全國之同胞，運動革新之大業，不得不寬其區域，廣其界限，以期合群。於時天下英雄來集者甚眾：其由哥老會來者，即張某、辜某、要某、容某等也；由革新派來者，即周某、汪某、歐某、丁某、葉某等也；而湖南青年黨首領唐才常及沈克誠，實膺此會首領，沈為事務員。[55]

哥老會之人應為張燦、辜人傑等。興漢會成立後，部分成員奔赴上海，風聞唐才常得到康有為的資助，掌握海外華僑大筆捐款，不免心有所動。而且辜人傑駐防江寧，聯繫便利。革新派人士應為周善培、汪康年、丁惠康、葉瀚，歐或指歐陽柱（石芝），但宋恕說此人不贊成開正氣會。[56]唐才常的首領職位，正式名稱應為幹事長。一九〇〇年六月十八日周善培致函汪康年，談到正氣會事務時問：「浩務任幹事長，綏臣頃復何如？」[57]則正氣會前期幹事長為唐才常，後改由葉瀚擔綱。

---

54 《歷史研究》，1990年第6期。

55 田野桔次：《最近支那革命運動》，第20頁。

56 《宋恕日記》1900年1月9日，《中國哲學》，第11輯。

57 上海圖書館編：《汪康年師友書札》（二），上海古籍出版社，1986年版，第1196頁。

正氣會成立的時間，《宋恕日記》有如下記載：「（光緒己亥十一月）是月下旬，汪穰卿送《正氣會章程》來，我不敢入會。」「十二月初九日（1900年1月9日），候穰卿，勸勿開正氣會以免風波。同日，候石芝，石芝所見與我同。訪丁叔雅，次日丁來訪，均未晤。」[58]而一八九九年十二月三十日宋恕致孫闓書稱：「丁中丞之公子叔雅者，在上海與汪君穰卿等創立正氣會，已刊章程，其意欲聯絡海內志士共圖振興中國之策。曾以章程見邀入會，弟力謝之，不敢列名。生今日而猶欲恢復清議，雖誠壯不可及，吾恐其將得大禍。即不得禍，亦絕不能興旺也。上海志士皆笑弟為畏怯無膽氣，但有空識解，無足當天下興亡之數。弟亦嗒然受之，且力阻諸君之從速解散，未知諸君之肯從忠告否也。」[59]一人兩說，先勸其「解散」，又阻以「勿開」，令人對該會成立與否大感不解。

宋恕並未參與正氣會，認識丁惠康又在一九〇〇年二月，其記載只能證明他本人何時與該會成員發生何種程度的聯繫，而不能確證正氣會成立的具體時間。因此，與會諸人的行蹤成為判斷的重要依據。周善培，字孝懷，思想新穎，議論豪爽，歷任數省督撫幕僚。一八九九年秋奉川督之命到日本考察學務，由梁啟超介紹訪晤孫中山。[60]同年十二月十九日，梁離日赴檀香山，周善培也歸國抵滬。適逢唐才常等籌組正氣會，他雖然預料會務難以擴展，仍欣然加入。而且此後不斷與汪康年等通信，關心正氣會的活動，對於「正氣不張，不幸如僕往日所料」感到「太息」。[61]並設法調解內部糾紛。周於一八九九年十二月二十六日離滬，次日曾在鎮江舟中致函汪康年，告以「相別至耿

58 《中國哲學》，第11輯。

59 《中國哲學》，第11輯。

60 馮自由：《革命逸史》初集，第64頁。

61 上海圖書館編：《汪康年師友書札》（二），第1194頁。

耿」，請其代收遺落之物匯寄漢口。正氣會成立應在此前。

唐才常的行蹤更為關鍵。據田野桔次記，正氣會成立後，「邱菽園深愛唐才常之人物，贈金三萬元，曰：『此金雖微，如可以充於天下之用，則請用之。』唐才常即日出發而赴香港，由香港銀行受領此金。由是正氣會一時繁昌，革命之光愈益閃爍於眉睫間矣。」[62]

據查，己亥冬唐才常確曾赴港。唐才質所編《唐才常烈士年譜》記：

> （己亥）十二月初三日（1900年1月3日），師中吉自湘來，擬在湘組織機關，與漢口相接應。公以經費無著，乃謀至香港籌款。初五日買船票，狄葆賢擬買二等票，公云：「我輩個人用費，宜省得一文是一文。且我既任此等事，尤宜以吃苦為前提，不可圖舒服也。」於是乃購三等票三張。船客多，已無餘位，只得在船尾近舵之貨艙角落，藉以安身。又值風浪大作，師中吉生平未坐海輪，嘔吐不堪。三人皆三日夜未進食也。在港華僑無以為意者，再三設法，僅得二千元。香港用小角，實僅千八百餘元也。直至明年庚子七月，新加坡邱煒萲（菽園）始匯二萬元來，此時滬款已將罄矣。公乃親攜此款往漢，後又湊一萬元由禹稽梅帶往。[63]

此說時間與田野桔次所記吻合，且有周善培致汪康年函為旁證。一九〇〇年一月三日，周於九江函詢：「佛塵行乎？」[64]當指其香港之行。一九〇〇年九月三日康有為致康同薇書也提到，唐「去年十二月

---

62 田野桔次：《最近支那革命運動》，第7-11頁。

63 湖南省哲學社會科學研究所編：《唐才常集》，第274頁。

64 上海圖書館編：《汪康年師友書札》（二），第1190頁。

來盤桓數日，今遂永訣。」[65]至於籌款情形，唐才質似有所渲染。丘菽園贈款給唐才常，滬上人所共知，唐也以此自傲。夏曾佑曾對汪康年說：「唐近事可怪可笑甚矣！其他不足惜，所可惜者，此三萬塊頭耳。」[66]則田野所記較近事實。由此可見，正氣會應成立於一八九九年十二月二十二至二十五日之間，所以宋恕在十二月三十日函中才會提及力勸與會諸君從速解散之事。而他在一九○○年一月九日勸汪康年勿開正氣會，意思應是讓正氣會停止活動。

　　唐才常匆匆趕建正氣會，目的之一，是便於赴港之際向華僑及港澳人士募捐，以吸引會黨豪強。而他擔任正氣會首任幹事長，除個人影響和實際作用外，強勁的財政後援無疑是重要因素（後來中國教育會也曾因經費問題而改選黃宗仰為會長）。當時汪康年、丁惠康、葉瀚等人經濟上均感拮据，維持生計尚可，出錢搞政治活動則心有餘而力不足。財政優勢不僅擴大了正氣會的組織聲勢，吸引哥老會首領歸附，也使林圭等人更加倚賴唐才常。因為財政困難恰好也是興中會的一大弱點，很難在這方面展開競爭。師襄鼓動唐才常去香港籌款，目的之一就是在湖南組織機關，與漢口接應。他已被排斥於興漢會之外，只能借助於海外捐款與舊日同黨溝通。否認唐才常在正氣會中的

---

65 上海市文物保管委員會編：《康有為與保皇會》，上海人民出版社，1982年版，第183頁。柳亞子《中國滅亡小史》稱：「明年，才常至新加坡，得華商資助三萬金，運動益活潑」。（《復報》，第8期，1907年1月30日）另據丘菽園致汪康年函：「記囊庚子春間，有滬上人來，攜到見惠云章」（上海圖書館編：《汪康年師友書札》（一），第195頁）。則唐此行又曾赴南洋。歐榘甲稱：「己亥年冬，乃相見於香港，適餘將有加拿大之行，佛塵贈我七絕，為書諸箋，以勵吾志。」（梁啟超著，舒蕪校點：《飲冰室詩話》，北京，人民文學出版社，1982年版，第102頁）另據丘琮《倉海先生丘公逢甲年譜》，庚子春，丘在香港與康有為、梁啟超、唐才常、陳騰風等合攝持刀並立小照。康有為於舊曆十二月二十七日赴新加坡，則前此梁啟超或曾秘密自檀到港。

66 上海圖書館編：《汪康年師友書札》（二），第1372頁。

地位與作用，使得許多相互關聯的問題難以解釋。

　　至於宋恕的記載，只能說明他本人所知道的事。唐才常為人「深鷙」[67]，「固非輕卒舉事之人，常取沉重之態度，絕不至為眾人所煽動也。」[68]正氣會務分為內圈外圈，唐才常主要關注內圈的人與事，以舉兵勤王為職志。他雖與宋恕相識，但也知其為人怯懦，缺少膽識，不肯與之深交。兩人自一八九九年五月二十三日在亞東館結識，整整四個月後，九月二十三日宋恕致函梁啟超時還說：「拂塵信不愧復生之友，但得見尚希，其深未悉。」只能從其所著《內言》中窺見性情見解。唐才常當然不會因這種泛泛之交而出面聯絡。所以，爭取宋的使命由汪康年承當。而汪與唐矛盾甚深，言語間自然多提丁惠康，使宋恕產生錯覺。宋恕連正氣會是否成立，具體何時成立亦不知其詳，所記只可證實丁、汪的作用，而不足以否定唐才常。

　　「義群公司」和正氣會的設立，形成長江流域革新勢力聯合大舉的雛形，也奠定了唐才常等人在趁時而起的中國各派革新勢力中的中樞地位。

## 四　天平傾斜

　　證實唐才常在正氣會中的地位作用，可以說找到了正氣會與興漢會中哥老會首領聯繫的關鍵。正氣會的目標，並非如公開文字所表述的，只講「愛國忠君」，意在恢復清議。唐才常等人是要藉此聚人籌款，密謀起義。領到丘菽園三萬金贈款後，唐於一九○○年一月「蓬蓬然歸於上海」，並攜歸海賊三十二三人，計劃一面由田野桔次率海

---

67　《詭謀直紀》所引梁啟超語，湯志鈞：《乘桴新獲──從戊戌到辛亥》，第27頁。
68　田野桔次：《最近支那革命運動》，第7頁。

賊入京，「期於正月之祝節殺北都西太后，並逐盡所有奸人」，「打碎北京政府」，一面率辜人傑等會黨首領於「來月下旬，一舉而屠南京，再舉而略武昌」，「據長江之險，以圖天下。」[69]內圈之事大張旗鼓。唐才常在江淮地區依靠的會黨，一是徐寶山、張金山、宋剛濤、黃金滿等地方豪強，二是辜人傑、楊金龍等駐防湘軍中的將領。而辜正是結盟興漢會的哥老會首領之一。

正氣會成立時，畢永年亦參與其事，這說明興漢會成立前逐走師襄，主要是反映興中會的態度。這種差異客觀上為哥老會首領與唐才常結緣創造了條件。不過，畢永年對唐才常堅持忠君愛國，反對頑固黨而擁戴光緒的宗旨強烈不滿，與孫中山一樣，他強調排滿革命的重要性。而且他與康有為的關係勢同水火，堅持要求唐才常改宗旨為排滿非君，斷絕與康有為的聯繫。唐堅不肯從，會黨首領又轉而事人，使畢永年大受刺激。他早與佛門有緣，起初不過剃髮絕清，偽裝和尚，後在香港邂逅同鄉前輩釋紫林，與結弟子之緣。[70]這時更憤而棄事為僧，易名悟玄，貽書平山周志別：「弟惜吾中國久成奴才世界，至愚且賤。蓋舉國之人，無不欲肥身贍身以自利者。弟實不願與斯世斯人共圖私利，故決然隱遁，歸命牟尼。」他聲稱：「日內往浙江普陀山，大約翌年華三月，由五臺、終南而入峨嵋。從此萍蹤浪跡，隨遇可安，不復再預人間事矣。」[71]打算雲遊四海，老此一生。

畢永年出家入山，除了與唐才常及會黨首領的衝突外，別有隱情。一九○○年一月二十六日林圭在致容星橋書中談及此事時說：「知者以安兄之急於辦事，一有不獲，則不免於燥，而出此無益之為，然終無死心，必仍起而救世；不知者以安兄如此熱腸，尚欲棄而

---

69 田野桔次：《最近支那革命運動》，第20-21頁。

70 《宮崎滔天全集》第2卷，第560-561頁。

71 馮自由：《革命逸史》初集，第76頁。

為僧，其事必有因，則難免因而解體。」[72]個中原因，一九○三年秦力山寫《庚子漢變始末記》為畢氏作傳時，曾有所提及：「顧畢嘗與興中會事，其後亦卒不合。」[73]可見他深知其中底細。

一九○一年，秦力山在《國民報》上發表《中國滅亡論》，對保皇、革命兩派均予抨擊，顯然是針對庚子之事而發。他指責「以顛覆政府自命者」為「老於世故者流」，逆知世界大勢不能允許改朝換代，另立新皇，「於是開創君主之念遂絕，乃陽襲民權革命之名號以自便其私圖。」其證據是，華盛頓、鴉軍阿度等倡革命求自立，而不亡他邦匪異國，其人卻「艱難風雨人嘗之，而他日之萬古隆名吾將一人當之」，「並非有公理公義之不容己而為斯民奔走者。其籠絡人才，假仁假義，口是心非，則梁山泊宋江之替人也。」[74]這番話很可能是代畢永年傳言。其後秦對孫中山的認識加深，又讀了《三十三年落花夢》，心目中的孫文已由「廣州灣之一海賊」變成「異乎尋常之志士」，[75]於是寫《庚子漢變始末記》時有意隱去畢氏因誤解而生的責難。此說若能成立，則畢永年出家的原因之一，當為其急於辦事，而孫中山則「尚無一定之規」，疑心後者不敢舉事，故意拖延。

孫中山雖然對興漢會的成立感到欣慰，委任容星橋專辦湘漢之事，又殷切款待遠道專程來見的張堯卿，但對於將組織活動重心轉向湘鄂，的確沒有充分準備。其本意在於擴張勢力影響，以廣東為立足點，而以長江為回應。加上關於張堯卿有不少流言蜚語，畢永年又棄事為僧，更不敢傾全力投向長江。孫中山與湘鄂的聯繫主要得力於畢

---

72 《林圭致孫中山代表容星橋書》，杜邁之、劉泱泱、李龍如輯：《自立會史料集》，第322頁。

73 民表：《畢永年傳》，杜邁之、劉泱泱、李龍如輯：《自立會史料集》，第230頁。

74 彭國興、劉晴波編：《秦力山集》，第69-70頁。

75 中國史學會編：《中國近代史資料叢刊‧辛亥革命》（一），第91頁。

永年，他聽說畢「憤世遠遁，如失左右手，嘗四處訪尋不獲。」[76]從自立軍後來失敗的情形看，孫中山的謹慎並非事出無因。但如此一來，開始傾向興中會一方的林圭，不得不再次調整對策，平衡於唐才常、孫中山之間，以維繫共同大舉的原案。由於雙方實力在許多方面存在明顯差距，這種平衡政策必然有利於強勁的一方，無形中增強了唐才常的影響，使保皇會的支配力相應增長。加上一九〇〇年一月令海內外震動的廢立之爭驟興，起到動員整個革新勢力的積極作用，使勤王聲勢暴漲，長江流域的活動更加向著保皇會一方傾斜。

然而，正氣會的外圈之事卻時生阻隔，會中唐才常和汪康年兩派之間一直不和。雙方分歧的原因，主要不在宗旨策略，而在派系人事，特別是與康有為關係的親疏。唐才常以正氣會聯絡各方，密謀興師，與汪康年等人並無矛盾。甲午之後，中國迭遭重創，戊戌一線曙光又被扼殺。開明士紳受傳統民本觀念和天下己任抱負的薰染激勵，加上近代西方民權思想的影響，對皇權的離異心增強，而民權的代表性擴張。從汪康年師友書札中可見，當時與之交往的士人官紳普遍懷有怨清反清的意識情緒。夏曾佑稱：

> 觀官場之習，滅種已定，萬不可救。然此只可歸之為政府之末流。舉國之民分數大支，今不過可決政府一支之必死耳，其他之人尚不忍盡棄之也。[77]

身為留學生監督的錢恂，認為中國士氣扼於滿人壓制，一九〇一年底拒俄運動興起時仍說：「新政必無望，要此東三省何用？」[78]以徹

---

76 馮自由：《革命逸史》初集，第76頁。
77 上海圖書館編：《汪康年師友書札》（二），第1345頁。
78 上海圖書館編：《汪康年師友書札》（三），上海古籍出版社，1987年版，第3013頁。

底變革為圖存先機。他還指剛毅等頑固黨為「中國之忠臣」，因為他們的倒行逆施反激出新政議論，甚至說：俄國「近來學生囚三百餘人，請看五年之內，俄國必有起色。」「去年漢口止殺二三十人，故士氣不振。若盡殺容閎、嚴復、張通典、陶森甲輩，今日士氣必大盛。」[79] 孫寶瑄也說：「國家不變法，則保皇者忠臣也，革命者義士也。」[80]

經元善的一番話表述得最為明確，他說：

> 堂堂中國政府，惑邪肇釁，無事自擾，以致宗社為墟，此上下五千年歷史所未有，逆藩權奸之肉，其足食乎。此後欲望支那自立圖存，全在國民聯群一志，並膽同心。捨此外，無可救藥之仙丹。[81]

他們紛紛採取行動，以拯救危亡。其不顧朝廷禁令，毅然集會結社這一事實，已經表明了獨立立場和行動方針。

在爭取合法地位的同時，他們試圖結交下層社會勢力，以達到政治目的。儘管多數人不贊成排滿，主張以革政代革命，卻並不否定使用武力，也不排除憲政，甚至可以接受共和及聯邦體制。用《正氣會序》這類公開文獻來否認有關組織或個人反清密謀的可能性，甚至否認中國議會成員的武裝勤王宗旨，都不免忽略了政治檔宗旨與策略的兩重性，低估了紳權與皇權在相互依存之外還有彼此制衡的一面，由此產生的忠君觀與聖王觀也是互為聯繫約束。正氣會之下，不僅唐才常努力聯絡會黨豪強，汪康年、葉瀚、周善培等也積極發動江淮川鄂的民間武裝。其行動在某種意義上是歷代士大夫每逢國難當頭之際常

---

79 上海圖書館編：《汪康年師友書札》（三），第3015-3016頁。
80 孫寶瑄：《忘山廬日記》上冊，上海古籍出版社，1983年版，第368頁。
81 上海圖書館編：《汪康年師友書札》（三），第2429頁。

規表現的重演，只是受西方近代政治觀念的影響，增加了新的取向。他們覺得保皇、革命均有所偏頗，雖然奉光緒為趨新象徵，但並無保皇派的固執，既可推之為總統，也準備棄而另選其他有聲望之人。[82]康有為的存在，反而成為他們任意發揮的障礙。

正氣會內部的派系矛盾以及由此引起的組織分化，對該會同與盟興漢會的哥老會首領的關係發生很大影響。由於正氣會組織發展艱難，唐才常不久即將幹事長一職讓給葉瀚，自己為避免行動掣肘，避開汪康年等人，全力經營內圈之事。以後又將正氣會務一分為二，另立自立會，專門負責聯絡長江會黨，設中國議會聯絡開明士紳。汪康年等則自行其是，仍在川、鄂、皖、江淮等地與其他會黨聯絡。因此，後來與盟興漢會的哥老會首領主要是與唐才常等聯繫，而與江浙派士紳的關係較少。

一時衝動而棄事的畢永年果然「終無死心」，再度「起而救世」，參與籌畫自立會之事。因唐才常仍堅持與康有為保持關係，畢永年又一次憤而離去。據說曾一度參與興中會的惠州起義密謀，終因不合，跑到廣州，賣掉西服，著僧裝，寄身某禪林。留書同志曰：「他日有奇虬巨鯨，大珠空青，任吾大陸破壞之責者，其人今或為僧也耶？吾方入其群以求之。」[83]「實寓革命於僧界中。」不久以病歿，葬於廣東羅浮山。民國成立後，一九一三年一月，由其後人徙骨殖返湘。途經上海時，同志曾假湖南會館開會追悼之。[84]

畢永年離去後，孫中山與湘鄂哥老會的聯繫大為削弱。同時，由於康有為的阻撓和康門弟子的傲慢，兩派合作組黨計劃一再受挫，孫

---

82　見《井上雅二日記》：1900年6月22日《夏曾佑來書》，上海圖書館編：《汪康年師友書札》（二），第1363-1364頁。

83　民表：《畢永年傳》，杜邁之、劉泱泱、李龍如輯：《自立會史料集》，第230頁。

84　《畢烈士追悼會記》，《民立報》1913年1月7日。

中山更集中力量籌備惠州起義。不過，孫看出康與梁啟超、唐才常之間有異，將他們區別對待，又希望聯合大舉成功。即使從策略上考慮，他也需要多一條辦事途徑，以為迴旋餘地和政治籌碼，而不能死守惠州一隅。這是自身力量嚴重不足的孫中山在風雲詭譎，各派紛起競逐的庚子政局中，保持獨立地位，並設法追求實現宗旨目標的要訣。而林圭等人的態度及其與容星橋的協調合作，使孫中山感到漢口仍有可圖。因此，儘管新加坡宮崎等人被捕事件使孫康兩派勢如水火，但直到惠州起義前夕，興中會仍然試圖爭取澳門保皇會總局的支持。漢口自立軍更包含於興中會的戰略計劃之中。

## 五　影響猶存

一九〇〇年八月底，孫中山由日本冒險回到上海。此行目的之一，應是踐梁啟超前約，相機參與長江大舉。

早在四月間，梁就致函孫中山，勸其接受「借勤王以興民政」的策略，待其借款成功之後，「握手共入中原」，「大助內地諸豪一舉而成」。「草創既定，舉皇上為總統，兩者兼全，成事正易。」[85] 孫中山因此決定赴新加坡，與宗旨相乖的康有為洽商合作事宜。值得注意的是，孫中山很可能接受了梁啟超等人的勸說，同意聯合陣營採用勤王旗號。他在新加坡時表示：「不錯，我志在驅逐滿洲人，而他支持年輕的皇帝。我希望與他磋商，為我們在共同路線上的聯合行動作出安排。」[86]

在此孫中山沒有堅持要求康有為放棄保皇，皈依革命，而是在承

---

85　丁文江、趙豐田編：《梁啟超年譜長編》，上海人民出版社，1983年版，第258頁。

86　廣東省社會科學院歷史研究室、中國社會科學院近代史研究所中華民國史研究室、中山大學歷史系孫中山研究室合編：《孫中山全集》第1卷，第195頁。

認雙方宗旨分歧的前提下，尋找共同路線。同時，孫中山又並非容納康的保皇主張，而是接受梁啟超、唐才常等人的借勤王以興民政。現行專制制度必須改變，實行憲政，至於具體形式，則依據形勢的變化而定。而且興中會本身不使用勤王旗號。惠州起義時，義軍借諸報端，宣稱：「發誓驅逐滿洲政府，獨立民權政體。」[87]

當聯合請求再度遭到康有為拒絕時，孫中山暫時打消了對康本人的寄望，卻依然對其他維新志士持有信心，認為：「大概除了康黨以外，都能夠結成一體。」[88]八月中旬，梁啟超歸國參加自立軍起義，途經日本，可能與孫中山會晤過。[89]恰好這時孫中山因廣東經略受挫，處境艱難，「心中對南方之事似早已感到絕望，想親自在中央地區掀起波瀾」[90]，遂決定暫停廣東行動，趕赴上海。臨行前發表談話，表示：「可設法將各派很好地聯成一體。」儘管他聲稱此行「不抱任何危險激烈的企圖，而是考慮始終採取溫和的手段和方法」[91]，實際上準備自立軍大舉後相機加入或響應。

---

87　《廣東惠州亂事記》，《中國旬報》第27冊，1900年10月27日。

88　廣東省社會科學院歷史研究室、中國社會科學院近代史研究所中華民國史研究室、中山大學歷史系孫中山研究室合編：《孫中山全集》第1卷，第196頁。

89　《井上雅二日記》，明治三十三年八月二十二日，湯志鈞：《乘桴新獲——從戊戌到辛亥》，第371頁。

90　宮崎滔天著，佚名初譯，林啟彥改譯、注釋：《三十三年之夢》，第218頁。

91　廣東省社會科學院歷史研究室、中國社會科學院近代史研究所中華民國史研究室、中山大學歷史系孫中山研究室合編：《孫中山全集》第1卷，第198-199頁。據日本外務省檔案明治三十三年八月二十七日山口縣知事古澤茲報秘第10之620號，與孫中山同船赴上海的還有八月七日由上海來日的改革派張滄、高繡延二人。據容應萸博士考證，自立軍失敗後逃往日本的化名高打、高德的改革派青年，前者肯定是唐才質，後者可能是狄平。（《自立軍起義前後的容閎與康梁》，《歷史研究》，1994年第3期）據包天笑《釧影樓回憶錄》，狄平遁走日本時確曾改姓高（香港大華出版社1971年6月版，第421頁）。則高繡延或為高打、高德二者之一。兩人在自立軍起義時負責調度後方。由此可見，孫中山赴滬很可能是自立軍的邀請。特此補記。

　　孫中山欲親自參與長江聯合大舉的意向和行動，表明他對興中會在漢口的影響力抱有信心。從實際情況看，此舉並非病篤亂投醫，更不是棄興中會而轉靠他人。要弄清這一點，找出興漢會的作用當是關鍵。

　　有的學者認為，到一九〇〇年春，興漢會事實上就消亡了。[92]形成這種看法，一是由於馮自由等人的著述誇大了唐才常與康有為的一致性，以及唐與孫中山的政治分歧，忽視了孫、唐之間的政治妥協及其既合作又競爭的關係（包括與梁啟超），將哥老會首領加入正氣會、自立會，簡單地視為倒戈或被保皇派奪走。其實，會黨首領一般不重視宗旨分歧與政治派屬關係，只能依據其活動與各派聯繫的程度來判斷定位。二是對興漢會的組織有所誤解。與以新興勢力為主體的政治團體不同，興漢會作為興中會與下層秘密會社的結盟，除了名義上奉孫中山為總會長以及奉行興中會綱領外，並未組建統一機構，其他未參與結盟會議的首領會眾，也無須履行入會手續。既然根本沒有過組織實體，也就無所謂消亡。而林圭和容星橋的存在，構成這些哥老會首領與興中會聯繫的牢固紐帶。

　　如前所述，林圭到漢口後，與容星橋合作創辦義群公司，聯絡會黨，其基礎就是與盟興漢會的各位首領，因此林圭奉孫中山為該公司的領袖。可以說，義群公司在一定程度上就是興漢會系統的組織機構，只是增加了林圭等人。一九〇〇年四月，為解決經費困難，林圭、李雲彪、楊鴻鈞到上海與唐才常計議，創開富有山樹義堂，散布富有票。[93]票據上所寫內外號中的絕句，據說是孫中山為興漢會所擬

92 手代木公助：《從戊戌至庚子年間革命派與變法派的交往》，《近代中國研究》第7期，1966年。

93 《俞廉三奏報唐才中供詞二則》，杜邁之、劉泱泱、李龍如輯：《自立會史料集》，第150頁。

起義時的聯絡暗語。[94]這至少表明他們無意割斷或擺脫與孫中山、興中會的聯繫。

　　結盟興漢會的成員當中，楊子嚴（鴻鈞）、李金彪（雲彪）在富有山堂位居正龍頭，興中會廣東分會負責人王質甫和畢永年列名副龍頭，[95]辜仁傑任總堂。仁傑即人傑，字洪恩，是駐南京湘軍總兵楊金龍部副將。或謂人傑與洪恩為二人，實為一人。據《自立會人物考》，有辜萬年者，字鴻恩，長沙人。井上雅二明確記道：辜人傑改名萬年。[96]另外，列名盟堂的柳啟賓、譚羲，當為柳秉彝、譚祖培。柳秉彝為宮崎題詩時自署長沙人氏。據張篁溪輯《戊戌政變後繼之富有票黨會》：「柳啟賓，長沙人，年四十餘歲，身材中等，與辜人傑即鴻恩一路的。」[97]譚字鳳池或鳳墀，長沙人。另有名譚樹者，乃靖江口人。列名盟證者為張堯卿，即張燦，又名張義年。《自立會人物考》稱其「名未詳，以字行。」但據李英供稱：「張堯卿即張義，去年由香港、漢口回長沙。」[98]李權傑似為李堃山，又名李正山，岳州人，未列山堂名單，張篁溪稱其總辦岳州、華容、平江、羊樓峒一帶。這批人地位的顯要，表明興漢會的基本格局得到了肯定與維護。

　　馮自由說，因保皇會沒有及時匯款，「李雲彪、楊鴻鈞等先離

---

94　陳旭麓、郝盛潮主編，王耿雄等編：《孫中山集外集》，上海人民出版社，1990年版，第600頁。

95　《光緒二十六年九月張之洞進唐才常等組織哥老會名單》，中國史學會編：《中國近代史資料叢刊・辛亥革命》（一），第276-277頁。另據《歷史研究》1956年第8期載《光緒二十六年十月二十一日為密札巴縣附抄原粘單》，畢任總堂。

96　《井上雅二日記》，明治33年8月11日，湯志鈞：《乘桴新獲——從戊戌到辛亥》，第365頁。

97　中國史學會主編：《中國近代史資料叢刊・戊戌變法》（四），上海，神洲國光社1953年版，第287頁。

98　《俞廉三飭把總崔鵬舉密拿各犯札》，杜邁之、劉泱泱、李龍如輯：《自立會史料集》，第134頁。

異，辜鴻恩則發貴為票，李和生則發回天票，各自為謀。」[99]因而有人認為與盟興漢會者後來逐漸脫離了自立軍。細查史料，事實並非如此。

據井上雅二日記，中國自立會的布署，長沙為首者楊鴻鈞、張燦，岳州、新堤為首者譚鳳池，均為結盟興漢會之人。另據唐才中供稱：李金彪、楊鴻鈞一直在上海辦事。一九○○年四月二十日梁啟超致函唐才常、狄平，仍以楊、李作為與徐懷禮對應的湘鄂義軍首領。這兩人年長位尊，但不通文墨，實際負責的是張燦。張「本世家子，而又通會門，」[100]「工書法，能文章」，「為人饒有才具，深通軍事，在會黨中甚有聲望。」[101]林圭稱其「足智多謀，遇事有把握，實駕群兄而上之」，向孫中山力保，請其用而不疑。[102]譚翥亦為「江湖豪傑中甚熱心任事者。」[103]辜人傑更是自立會在南京的關鍵人物，「在武官方面，由辜人傑作中介，聯絡了楊金龍、趙雲龍等，使之為自立會的事盡力。」[104]當時會中人戲稱之為「五省欽差大人」。[105]他們不但沒有脫離自立會，而且始終扮演重要角色，擔負重大使命。自立軍兵敗，譚翥就義於長沙，辜人傑殉難於湖北，李雲彪、楊鴻鈞亡走廣

---

99　馮自由：《中華民國開國前革命史》上編，第76頁。

100　《自立會人物考》，杜邁之、劉泱泱、李龍如輯：《自立會史料集》，第314頁。

101　唐才質：《自立會庚子革命記》，杜邁之、劉泱泱、李龍如輯：《自立會史料集》，第95頁。

102　《林圭致孫中山代表容星橋書》，杜邁之、劉泱泱、李龍如輯：《自立會史料集》，第323頁。

103　唐才質：《自立會庚子革命記》，杜邁之、劉泱泱、李龍如輯：《自立會史料集》，第95頁。

104　《井上雅二日記》，明治三十三年八月十八日，湯志鈞：《乘桴新獲——從戊戌到辛亥》，第367頁。

105　吳良愧：《自立會追憶記》，杜邁之、劉泱泱、李龍如輯：《自立會史料集》，第105頁。

東，後被捕圍死獄中。張堯卿屢遭囚禁，辛亥後出獄，一度鼓吹反袁革命。柳秉彝、李堃山則下落不明。[106]

更為重要的是，一些會黨首領在籌備自立軍起義的同時，繼續為興中會辦事。七、八月間，張堯卿曾協助文廷式到長沙「辦孫革命黨的事」[107]。井上雅二日記提到，八月二十一日，文廷式歸自湖南，「似乎事情沒有成功。」文於一九〇〇年春到過日本，訪孫中山，談論國事和起義事宜。[108]可見興漢會成員參加自立軍，並不等於倒向保皇派。在自立軍中，林圭與唐才常政見不盡相同。秦力山說：

> 林之目的與唐異，唐崇拜康，林崇拜公理；唐為帝黨，林為民黨；唐主立憲，林主共和。然以唐見信於康，林苟欲以間接見信於康而得其接濟，則勢不得不枉己以從人。其實林無時無刻不欲出唐之範圍外，因其組織多近於美國制度，與唐每多衝突。唐終不化，屢掣林肘。唐於會中，幾激成內訌，林又起而調和之。[109]

林圭的態度，一是出於宗旨分歧，二是受畢永年、容星橋等人的影響。他的漢口寓所內陳列《民約論》、《萬法精理》、《自由之路》、《社會平權論》等書籍，「有同志來訪，則相與縱談自由平等共和之說，悲滿清之暴政，說革命之急潮，其意氣甚激昂也。」[110]唐才常長

---

106 參見《自立會人物考》：《自立會庚子革命記》，杜邁之、劉泱泱、李龍如輯：《自立會史料集》，第98、315頁。

107 《唐才中供詞》，杜邁之、劉泱泱、李龍如輯：《自立會史料集》，第149頁。

108 羅剛：《中華民國國父實錄》第1冊，臺北，財團法人羅剛先生三民主義獎學金基金會，1988年版，第509頁。

109 民表：《林錫圭傳》，杜邁之、劉泱泱、李龍如輯：《自立會史料集》，第232頁。

110 田野桔次：《最近支那革命運動》，第10頁。

期活動於上海，起義前夕才趕赴漢口，對自立軍只能給予有限的經濟
資助。組織活動方面，林圭主要依靠畢永年、容星橋的幫助。這無疑
會加強其與興中會的聯繫，而削弱唐才常的影響。至於保皇會的間接
作用更形微小。保皇派事後的回憶有意無意地誇大對自立軍的控制
力，而革命黨則想迴避與維新派合作「上當受騙」之事，更清楚地劃
分楚河漢界，結果造成錯覺假象。平心而論，儘管哥老會員一般「不
知國民道義為何物」[111]，但由畢永年精心挑選出來參加興漢會的人表
現還是比較好。可惜他們不能有力地控制其他會眾，使林圭難以統轄
調度。

從興中會方面看，雖然畢永年離去，會黨首領又缺乏明確的政治
宗旨，但容星橋始終支持配合林圭的行動。八月九日，唐才常從上海
出發赴漢口，同行四人中，有興中會廣東負責人、曾與盟興漢會、又
列名富有山堂副龍頭的王質甫。[112]他們於八月十三日抵漢，由容星橋
出面具保，以一百五十兩銀子在漢口租界租下一處大屋，六十餘人合
居。[113]事發之際，清軍亦包圍順豐茶行名捕容星橋，容化裝逃脫。王
質甫則輾轉逃回香港，歲暮，曾與秦力山在港晤面。秦賦詩唱和道：

> 頭顱大好價三千，生不封候死不仙。但有文章供笑柄，斷無毛
> 雨煥奇妍。我身欲葬曾無地，君算成胸別有天。淪落莫添同病
> 感，眾生普渡在來年。
>
> 血戰成紅熱大千，又從徐福訪神仙（時將重遊日本）。八千弟

---

111 井上雅二：《維新黨的失敗及其將來》，《東亞同文會第十一回報告》。

112 《井上雅二日記》，明治三十三年八月九日，湯志鈞：《乘桴新獲——從戊戌到辛
亥》，第364頁；張伯楨：《張篁溪遺稿》，中國史學會主編：《中國近代史資料叢
刊・戊戌變法》，第283-292頁。

113 明治三十三年九月五日駐上海總領事小田切萬壽之助致青木外相機密第100號：
《容星橋訃告》。

子能無恨，五百童男別有妍。鑄鐵鑄金難鑄錯，知生知死不知天。嗟君險阻今嘗遍，已到文候十九年。[114]

　　史堅如與自立軍的關係同樣值得注意。在興漢會成立前夕，經日本東亞同文會廣東支部長高橋謙介紹，他認識陳少白，加入興中會。聽說哥老、三合、興中三會合併成立興漢會，他感到「非常欣快」，借名與宮崎、陳少白同船北上，到上海後由唐才常託人攜往兩湖，觀察哥老會實情，「建立親密的關係，為日後打下基礎。」[115]抵漢皋後，遊覽形勢，與湘鄂會黨豪傑志士周旋，莫不傾結。[116]隨即又與張堯卿、容星橋等赴日拜晤孫中山，奉孫之命深入長江聯絡會黨，[117]在華中活動數月，然後由上海轉赴香港。[118]自立軍失敗後，史堅如曾到在澳門《知新報》任職的東亞同文會會員松岡好一寓所，與之縱談唐才常之死，慷慨悲切，十天後即謀炸德壽，毅然赴死。[119]

　　容星橋、王質甫、史堅如以及與盟興漢會的會黨首領的行動表明，興漢會在漢口自立軍中始終發生重要影響。自立軍不僅是與保皇會關係密切的自立會的武裝，也是與興中會結盟的哥老會首領的武裝，興漢會的功能作用並沒有消失。因此，孫中山準備親自參加中原

---

114 遯公：《庚子歲暮香港和王質甫》，《開智錄》第5期，1901年3月5日。

115 宮崎寅藏：《支那革命軍談》，東京，法政大學出版局，1967年版，第52-53頁；宮崎滔天著，佚名初譯，林啟彥改譯、注釋：《三十三年之夢》，第172頁。

116 馮自由：《革命逸史》第5集，第25頁。

117 中山大學歷史系孫中山研究室、廣東省社會科學院歷史研究所、中國社會科學院近代史研究所中華民國史研究室合編：《孫中山全集》第6卷，北京，中華書局1985年版，第234頁。

118 宮崎龍介、小野川秀美編：《宮崎滔天全集》第2卷，東京，平凡社，1971年版，第555頁。

119 松岡好一：《康孫兩黨之近情》，《東亞同文會第十三回報告》，明治三十三年十二月。

大舉，絕不是個人一時衝動，而是與王質甫等人協調一致的有計劃有組織的統一行動，是兩年以來聯合大舉計劃的最終實現。由此可見，孫中山組建興漢會，絕非權宜之計，而是始終給予一定程度的重視，並幾乎使之發生實際效用，將興中會的活動與革命風潮推向長江流域。考慮到保皇會堅持以兩廣為重心，對長江流域並未切實支持，以及各方各派的分歧糾葛，如果起義成功，自立軍究竟朝著什麼方向發展，興中會與興漢會的組織影響至少具有與勤王口號及財政空頭支票的蠱惑作用相抗衡的支配力。

# 第二章
# 保皇會庚子勤王謀略及其失敗

　　歷來論及保皇會的勤王運動，都以唐才常和自立軍為主。然而，近年來陸續發現的資料動搖了這一看法的基本論據，一些學者對其中的有關問題進行了深入探討。[1]但由於以函札為主的新資料夾雜大量隱語代號，而且內容雜亂，解讀相當困難，迄今未能有效應用。以往圍繞這一事件的聚訟紛紜，主要源於對史料史實的誤判，一方面不能正確釋讀原始資料，另一方面又受事後回憶的誤導。從目前情況看，進一步發掘新資料固然重要，對已經公開的各種資料進行認真的考校參證，更為迫切。因為這不僅可以澄清基本史實，在此基礎上，重新勾畫出保皇會勤王戰略及其行動和結果的輪廓，而且有助於防止對新史料的再度錯解，以免以訛傳訛。

## 一　重在兩廣

　　勤王計劃雖動議於唐才常，湘鄂又最具聲勢，但在保皇會的戰略框架內，自立軍只是「數路大舉」中的一路，而且不是主力正軍。
　　戊戌政變後不久，唐才常東渡日本，與康有為洽談起兵事宜。次年夏冬，又再赴香港、南洋，與康會商。康有為等本不排除武力手

---

1　湯志鈞：《孫中山和自立軍》，《歷史研究》，1991年第1期；《自立軍起義前後的孫康關係及其他──新加坡丘菽園家藏資料評析》，《近代史研究》，1992年第2期；趙令揚：《辛亥革命期間海外中國知識分子對中國革命的看法》，《近代史研究》，1992年第2期。

段，戊戌政變前夕，曾密謀發兵圍頤和園殺西太后，此後又屢次策劃行刺清廷要人。其弟子羅潤楠（伯雅）素與廣西山賊及南海西樵巨盜區新、傅贊開等有交，曾鼓動任教於萬木草堂的田野桔次共赴廣西，率同黨四百人，「合湖南之大隊以進中原」，「一試其屠龍之技」[2]。勤王計劃議定後，保皇派迅速展開行動，一八九九年七月在加拿大成立保皇會，於海外各埠設分會一百四十餘處，並以澳門《知新報》館和橫濱《清議報》館為總會機關。同時，區新等奉命「潛行入京謀刺大臣」不果，「改易洋裝回粵」，與李昭、傅贊開等公開樹起「新廣東志氣軍」的旗幟，「聲勢甚大」，驚動了最高統治者，清廷於光緒二十五年七月專旨拿辦。[3]

由於清廷不斷加緊迫害維新勢力，在各地搜捕保皇會成員及其親屬，於一八九九年十二月二十日和一九〇〇年二月十四日兩度發布上諭，懸賞銀十萬兩捕殺康梁，又於一九〇〇年一月二十四日宣布準備廢光緒立新儲，保皇會感到危機日迫，時不我待，非速以武力大舉，不足以救燃眉之急。一九〇〇年一月，康有為移居新加坡，為了便於其遙控指揮內地勤王行動，保皇會在澳門設立總局，「以便辦事」[4]。

按照唐才常的設想，長江、珠江應同時起兵，而後者由保皇、興中兩會共同發動。康有為否決了這一計劃，另行制定了一套兩廣起兵，襲湘攻鄂，席卷長江，直搗京師的戰略布署。其基本方針，如所定《勤王行師議》：「除別有所圖經營外，以全力取桂、襲湘、攻鄂而

---

2　田野桔次：《最近支那革命運動》，第65-66頁。

3　《署兩廣總督岑春煊奏剿辦新廣東志氣軍首要區新等情形摺》。光緒二十九年十二月十八日，中國第一歷史檔案館、北京師範大學歷史系選編：《辛亥革命前十年間民變檔案史料》下冊，北京，中華書局，1985年版，第440頁。

4　《保皇會草略章程》，上海市文物保管委員會編：《康有為與保皇會》，第264-265頁。該會最初名保商會。總局設立期間，與原澳門總會機關合而為一。另外，保皇會分會數，據康有為《唐烈士才常墓誌銘》，到一九〇〇年初為四十餘處。

直搗京師焉。」[5]尤以兩廣為勤王正軍的發難之地。為實現該計劃，保皇會全體動員，由康有為坐鎮南洋，率梁鐵君、湯覺頓組成指揮中樞，背靠僑商丘菽園等；梁啟超、梁啟田（君力）主持美洲、澳洲華僑捐款事務；羅普（孝高）、黃為之、陳國鏞（侶笙）、麥孟華（孺博）、麥仲華（曼宣）等駐東京，負責購械運貨，兼向日本朝野尋求援助；容閎辦理外交；徐勤（君勉、雪廣）、王覺任（鏡如）、葉湘南（覺邁）、陳士廉（介叔）、韓文舉（樹園）、歐榘甲（雲樵）、劉楨麟（孝實）、鄺壽民、何樹齡（易一）、何廷光（穗田）等駐澳門與港商何東（曉生）合作，協調內外；梁炳光（子剛）、張學璟（智若）經營廣東，陳廉君經營梧州；長江流域由唐才常、狄平等在上海主持調度，以為響應，大有一鼓而成之勢。

　　然而，隨著情況變化，具體方案不斷有所調整，貫徹主要戰略意圖的決心始終搖擺不定。最初，康有為認為：「大舉必從閩粵發難，以長江回應而掣中原之肘。」因為廣東「多人才而民強悍，且風氣已開，各府縣皆有倜儻不羈之土豪，若能收羅而撫之，則此輩俱為我用。」福建雖人才絕少，帑項支絀，但只要能擁立有聲望者，亦可號令下屬。[6]不過，康有為言及福建，多半是敷衍丘菽園，其心目中理想的發難地還在兩廣，而具體布署則有東西倚重與兩粵並舉的權衡選擇。

　　康有為自稱：「僕前後俱注意於西（自正月發策），而以江、粵輾轉相牽，西事未成。」[7]的確，保皇會一開始便注重廣西，其「所最

---

5　上海市文物保管委員會編：《康有為與保皇會》，第45頁。

6　上海市文物保管委員會編：《康有為與保皇會》，第93頁。

7　《康有為致丘菽園函》，轉引自湯志鈞：《自立軍起義前後的孫康關係及其他》，《近代史研究》1992年第2期。

足恃者，為南關一路，以為正兵，道桂、湘窺鄂」[8]。所謂南關一路，指廣東南關游勇大頭目陳翼亭。[9]康有為對其極為器重，委以專辦廣西軍務以及勤王正軍主帥的重任，讓他率部取道欽廉入桂，與龍州、梧州、思恩等地會黨游勇配合，攻占桂林，進襲湘鄂。

對於上述計劃，梁啟超略有異議。他雖稱「此誠第一著，」但「以為未得廣東，而大舉進取，終是險著」。主張「必先取粵」[10]，以立根本，壯士氣，開新府，示文明，辦外交，防止孤軍深入，列強干涉，盡早打出新政權的旗幟。考慮到保皇會人力財力有限，而廣東準備不足，梁啟超接受幾位美國人的意見，提議用百萬籌款之半數招募菲律賓散勇，以圖廣州，收「大壯軍容」[11]，節省費用，「東西兼顧」，「不分翼軍之力」[12]的奇效，與原定方案相輔相成。為了抓住這「第一絕大機會」[13]，梁啟超一面親自物色人選，一面請容閎出面接洽。此外，他還通過葉湘南、羅普等人向柏原文太郎、犬養毅打聽，

8  1900年4月12日《致南海夫子大人書》，丁文江、趙豐田編：《梁啟超年譜長編》，第216頁。

9  《井上雅二日記》，明治三十三年七月三十日。一九○○年四月九日梁啟超致梁啟田函中提到：「紫雲、翼亭在南關大開門面。」（丁文江、趙豐田編：《梁啟超年譜長編》，第215頁）按：南關一般指廣西鎮南關，當時駐鎮南關清軍多為廣勇，保皇會也在龍州一帶聯絡游勇。但井上雅二日記稱廣東南關。另據一九○○年六月二十七日康有為致葉湘南書，陳部駐廣灣（上海市文物保管委員會編：《康有為與保皇會》，第137頁）所以康言及陳的正軍行動時，屢用「搗西」、「往西」字樣。而且陳部運械用輪船，經梧州上下往返。因此，陳雖曾打算在南關樹旗發難，但實際並不住在南關。而南關究竟系何地，仍須進一步考察。

10  1900年4月12日《致南海夫子大人書》，丁文江、趙豐田編：《梁啟超年譜長編》，第216-221頁。

11  1900年4月12日《致南海夫子大人書》，丁文江、趙豐田編：《梁啟超年譜長編》，第220頁。

12  1900年4月12日《致南海夫子大人書》，丁文江、趙豐田編：《梁啟超年譜長編》，第220頁。

13  1900年3月13日《與叔子書》，丁文江、趙豐田編：《梁啟超年譜長編》，第202頁。

能否雇傭五百名日本將士，攜帶武器，由港取省。[14]

其實，康有為和澳門總局對廣東另有一番布署。康有為後來稱：「向者長江之事，付之紱丞；廣西之事，付之羽異；廣東之事，付之井上。此當時鄙人苦心精擇，而後以大事託之，推心信之。」

紱丞，為唐才常；羽異，即陳翼亭；井上，應為梁炳光。[15]康先後派梁炳光、張學璟、葉湘南到新安、東莞等地聚人辦團，聯絡「潮勇、惠州嘉應州勇、客勇、高州欽廉勇、肇慶廣州勇」[16]，以及各地的會黨綠林，並爭取由潮汕赴新加坡考察的丘逢甲「歸統」，「並與版合成一軍。」[17]

---

14　1900年4月12日《致葉二麥三君書》，丁文江、趙豐田編：《梁啟超年譜長編》，第222頁；5月25日《致羅孝高老弟書》，丁文江、趙豐田編：《梁啟超年譜長編》，第231頁。

15　1900年11月26日《康有為致丘菽園書》，杜邁之、劉泱泱、李龍如輯：《自立會史料集》，第330頁。湯志鈞教授認為井上即日本東亞同文會幹事井上雅二，實為梁炳光。理由是：一、梁啟超稱：「粵之岡，滬之佛，皆我黨長城。」（丁文江、趙豐田編：《梁啟超年譜長編》，第214頁）所發各函又多次提到主持廣東軍事者為剛、智，則廣東領兵之人係梁炳光。二、康有為等人信函中，常將「井上」與「剛」通用混稱。如一九〇〇年六月二十日思莊函責徐勤「令井上枯坐月餘而不應之」，「長者特為井上事，怒氣如山」。同函又稱：「此次之事全在不能應剛，至失機月餘，故長者盛怒大責。」康有為告訴徐勤：「吾累得剛追款之書，而大怪於汝等」。思莊函則稱：「至若海、雄、穎初諸公欲款不得，皆有井上函來言之。」（上海市文物保管委員會編：《康有為與保皇會》，第147、193頁）由此可見，井上與剛為同一人。三、從井上雅二日記看，他對廣東情況不知其詳，顯然未予機要。一九〇一年五月二十五日，井上雅二赴歐洲途中在庇能拜訪康有為，見面時稱：「別來已兩年，世態幾度變更」。而康有為則說：「自北京初次見面，既已四年。」計算方法雖有虛實之別，但都明言是一八九八年由平山周引薦相識於北京後的再次會面。從會談內容看，井上對保皇會勤王運動的內情也不甚了然。（井上雅二：《康有為訪問記》，《大阪每日新聞》，明治三十四年六月二十七至二十八日）保皇會通信中的「井上」，當為梁炳光的日文名字或代號。他只是康有為的拜門弟子，所以思莊說：「以長者令井上辦一事，而井上生死任之，至為難得。」

16　《致辦事諸子書》，上海市文物保管委員會編：《康有為與保皇會》，第149頁。

17　1900年6月2日《致徐勤等書》，上海市文物保管委員會編：《康有為與保皇會》，第99頁。版即版築，廣東會黨首領；函中的「仙」，即仙根，丘逢甲字。

一九〇〇年三月，康有為和來訪的容閎向新加坡殖民當局發出試探：五月底中國「假如發生起義，英國政府是否願意支持？」[18]其意並不專指漢口，而是從兩廣發動的整個勤王起義。當時陳翼亭準備起自南關，而負責廣東軍務的梁子剛則抵達香港，要求在總局的援助下採取行動。梁啟超迭函康有為和澳門總局，請以經營內地為頭等大事，尤應注意廣東。他認為：「今日事勢之迫，已到極地，剛等所謀，豈尚能遲。」「所最憂者，吾黨於粵中一切毫無準備，現時駐粵之人才力甚單薄，辦事極散漫，難望前途之大進步。」並建議派徐勤、鄭藻常回粵，「與剛、智協辦」，「以全權交此四人最善，即不然而會款所得，亦必當接濟剛、智。」[19]但澳門總局為「取粵」而「養俠」，「故雜進群才，致妄支如是之多」[20]，造成財政匱乏，「不惟無以應之，而來函並不將此事原委詳陳長者。長者欲為布置，不知澳門存款若干，無從遙斷。」[21]後來更具函「駁以不可行，遂致令井上閒坐月餘。」[22]康有為大為震怒，嚴厲申斥。他本來就認為徐勤「性疏而直，於兵事非宜，於駕馭尤非其長」，只因王覺任母病歸省，梁啟超又極力舉薦，不得已讓他暫時承乏。徐被逼過甚，要求辭職。到六、七月間，康有為「慮其疏，已電鏡強出任事，而使他往美。經十餘督

---

18　英國外交部第17種文件1718卷，第310-312頁，斯威特南致沙士勃雷的報告，1900年3月29日。轉引自黃宇和：《三位流亡的理想主義者：容閎、康有為及孫中山，1894-1911》，《國外中國近代史研究》，第12期。

19　1900年3月28日《致康南海先生書》，丁文江、趙豐田編：《梁啟超年譜長編》，第209-210頁。

20　《致徐勤書》（一），上海市文物保管委員會編：《康有為與保皇會》，第105頁。

21　1900年6月20日《思莊致徐勤書》，上海市文物保管委員會編：《康有為與保皇會》，第193頁。

22　1900年6月27日《思莊致徐勤書》，上海市文物保管委員會編：《康有為與保皇會》，第196頁。

責，而勉以粵東時時欲舉，故戀而遲遲不奉命。」[23]

　　這時保皇會自覺實力有限，總體戰略雖以直搗京師為目的，但具體行動方略還徘徊於第一階段的取粵或取桂，作戰意圖只決定奪取武漢後順江而下攻金陵，下一步行止則無定議，直搗北京恐兵力不敵榮祿武衛五軍，又擔心俄、英、法等國趁機插手干涉；「若先畫江以待力足」[24]，則光緒危在旦夕，難以救急。為擺脫兩難境地，梁啟超託人與柏原、犬養協商：「我師若得武昌或南京之後，隈、犬之力能使日政府出而代我脅和，使還我皇上否？」[25]以勤王軍為倚靠，而引外強為奧援，雙管齊下。

　　廣東既已失機，廣西卻獲佳音。五月底，唐景崧派人到新加坡與康有為聯繫，告以「滇、黔、桂皆來歸，特來請期。」[26]唐自一八九七年在康有為的協助下舉辦團練於桂北，[27]這時已與王慶延、王穎祁、王第等人在鬱林、潯州、平樂等地設立根據地。[28]康有為認為，廣西方面「一有小山坐鎮，滇、黔皆來，一有版築，一有廉之商務，一有思恩之康四，其餘尚甚多。」「若能西棧開張，大做鄂湘生意，真天贊也。」[29]恰好在日本購械之事也峰迴路轉，聯繫到大批舊槍。

23　1900年11月26日《康有為致丘菽園書》，杜邁之、劉泱泱、李龍如輯：《自立會史料集》，第332頁。

24　1900年4月12日《致南海夫子大人書》，丁文江、趙豐田編：《梁啟超年譜長編》，第221頁。

25　1900年4月12日《致葉二麥三君》，丁文江、趙豐田編：《梁啟超年譜長編》第222頁。

26　1900年6月2日《致徐勤等書》，上海市文物保管委員會編：《康有為與保皇會》，第99頁。函中「西省某老」，即別函之「薇老」，唐景崧字薇卿。

27　《康南海自編年譜》，中國史學會主編：《中國近代史資料叢刊・戊戌變法》（四），第137頁。此事桂人當時即疑心其別有所謀。

28　《井上雅二日記》，明治三十三年八月七日，引自湯志鈞：《乘桴新獲──從戊戌到辛亥》，第362頁。另參見近藤邦康教授整理的日文本，《國家學會雜誌》，第98卷1、2號合刊。

29　1900年6月5日《致徐勤等書》，上海市文物保管委員會編：《康有為與保皇會》，第

於是，六月二日，康有為下令改變戰略方向：

> 擬百事捐棄，……一以全力、全餉、全才注西；一以全餉購
> 械，成西事。但得五千洋槍隊，數萬附從人，大事成矣。[30]

其實，前此廣東辦「剛事」，目的仍在廣西，「原以候剛事如何，
乃專定西棧。」為避免再度坐失良機，康有為反覆強調：「但吾視西
事最重，故欲盡所有人才，全付之耳」。[31]

針對「北機極好」，江淮徐懷禮、山東大刀王五又率部歸附，長
江中下游連成一片的情況，康有為制定出相應的完整方略，由陳翼
亭、區新、陳紫瀛、傅贊開、葉湘南、李立亭、陳廉君、康四、林玉
等九人率兵改裝由粵入桂，[32]以陳翼亭正軍加上版築勁旅為前鋒，與
梧州陳廉君所部合兵襲取桂林。屆時廣西各路伏莽「已全歸我牽
制」，駐桂清軍唯一可調之兵為戍邊的蘇元春部，鞭長莫及，由唐景
崧駐守桂林，正軍「大聲勤王之師以收桂省。」隨即陳、區、傅、李
各軍分梯隊經全州趨襲長沙；另遣陳廉君統領後軍收柳州、大黃江，
集款購械，接濟長江，攻略廣東。同時令康四出而騷擾，牽制粵軍來
援。唐景崧招撫桂北湘南會黨萬人成立後隊，親率入湘接應，擔任統
帥，坐鎮中軍。這時湘鄂兩省清軍兵力或分散或單薄，在黃忠浩所部

---

100頁。小山，應為唐景崧，其舊部有在滇、黔者。另外唐與岑春煊交善，對西南
頗有影響。廉為陳廉君，曾在梧州辦鹽務。康四為思恩會黨首領。

30 1900年6月2日《致徐勤等書》，上海市文物保管委員會編：《康有為與保皇會》，第
98頁。據李鴻章、劉學詢及清駐柏林公使查報，當時有大批槍械由香港經澳門運往
內地。保皇會還有意從德國購械。（顧廷龍、葉亞廉主編：《李鴻章全集》（三），上
海人民出版社，1987年版，第897-923頁）

31 《致徐勤書》（一），上海市文物保管委員會編：《康有為與保皇會》，第105頁。

32 陳紫瀛列名富有山堂正龍頭，李立亭為廣西會黨首領，林玉為廣東會黨首領。

防營及新黨志士的內應下，破長沙，下武昌，策反長江沿岸湘軍。接著，勤王軍以二萬裝備優良之精兵，數十萬附從，長驅襄陽，衝入直隸，山東大刀王五、鎮江徐懷禮部亦分路北上，趁清軍腹背受敵，一鼓攻破京師，完成勤王大業。[33]按照這一詳細用兵方略，起於南關，經桂、湘、鄂、豫、直進入京師的陳翼亭正軍，乃是勤王主力，而廣東、長沙、武昌、江淮、山東等地，則是回應之師。

為實現上述計劃，康有為重新調整布署，他力勸丘菽園「不辦閩生意，專做西生意」[34]，將原定用於福建的五萬元改辦西事，以後又爭取丘在捐款十萬元之外，再借款十萬元捐贈；變散財招夥，聚人為上的辦事方針為全款購械，因械得人；指派與黃忠浩、熊鐵生等湘籍人士熟識的葉湘南、韓文舉隨正軍兼管糧臺，讓歐榘甲任文書；等到因家事暫歸的陳翼亭、丘逢甲復出，以及完成購械運貨，即於六月底正式發動，「備十八日糧交羿異。凡港中各雄各才願往者皆宜同行，掃地卷眾襲桂，速即舉事」。「諸將全行，諸眾並上，必取之也。」[35]大有破釜沉舟，滅此朝食之慨。

## 二　東西無常

六月中旬，北方形勢驟變，聯軍開始水陸進攻。清廷於六月十八日急電李鴻章北上。雖然李藉故拖延，保皇會得知的消息卻是「北亂李行」。李鴻章的生死去留，一直是影響保皇會廣東方面行動的要素之一，開始試圖以暗殺除去，以後又一度計劃「得省城不必戕肥賊，

---

33　《致辦事人書》（二），上海市文物保管委員會編：《康有為與保皇會》，第116-119頁。

34　1900年6月5日《致徐勤等書》，上海市文物保管委員會編：《康有為與保皇會》，第100頁。

35　《致徐勤等書》（五），上海市文物保管委員會編：《康有為與保皇會》，第111頁。

但以之為傀儡最妙」，借以收示人文明，「寒奸黨之心」[36]，易辦外交，安靜地方四利。六月初保皇會全力向西，但仍留連於東，派眼線住關房，「打探實真（二九）情形，若必不能，則專西事」；同時繼續要求澳門總局對「剛事必極力招呼。」[37]

康有為所髮指令表明他依然舉棋不定，既要求「先將全款辦翼軍事，一文不留，一事莫支」，「聚精神，聚全款，聚人才，專應翼軍，趕速應之」，又聲稱：「軍事難定，原難遙制，汝等可相機酌之。若廉處一舉，當此人心，可四處應，如火燎原，惟今之時為然。如此，又不必泥翼之一軍耳。或粵中可取，則先圖之。計二九當此必大動心，或可為也。」[38]

李鴻章北上的消息傳出，保皇會在廣東舉事的顧忌大為減輕。六月二十日，康有為即指示歐榘甲等：「前書條理稍異，可與諸子竭力圖粵事」。廣東方面仍由梁炳光統大局，林玉、版築、三品等伏兵於廣州近郊的獅嶺或曹涌，假清軍劉永福旗號，奔襲劫城，並一度有調駐廣州灣的陳翼亭部奔襲省城的動議。不惜動用廣西一路的勤王正軍，反映出康有為有過棄桂圖粵的念頭。但他又向歐榘甲表示：「若仍用前議圖湘、桂，則汝偕翼行可也。」[39]其本意「始以力薄，故全力圖東棧。然島力欲羽異西，吾亦以為立不敗之地，極佳。」集中一路變成兩地並舉，相機行事。這時海外華僑捐款既多，歷時又久，對保皇會遲遲不舉噴有煩言。康有為迫於壓力，在毫無把握的情況下，

---

36 1900年4月12日《致南海夫子大人書》，丁文江、趙豐田編：《梁啟超年譜長編》，第220頁。

37 1900年6月2日《致徐勤等書》，上海市文物保管委員會編：《康有為與保皇會》，第99頁。「二九」，即李鴻章。

38 1900年6月20日《致徐勤等書》，上海市文物保管委員會編：《康有為與保皇會》，第144頁。原函僅署「廿四日」，今據內容確定日期。

39 上海市文物保管委員會編：《康有為與保皇會》，第124頁。

令各路人馬迅速發動。其「總以速為主，然又不可因我催而亂來也」
[40]的兩可指令，讓各路統領進退兩難。

　　取粵的最終目標是北上勤王，因此康有為認為：「島慮甚周，極
欲羽異正軍搗西，既可必得，又可令粵響應，又處於不敗之地，無論
粵中得不，而西可必得而入湘也。」[41]六月下旬，他函示徐勤等：「若
布置停妥，則並力西向，較為長策。」[42]並解釋道：「吾今注意於東，
且慮大敵環來，故欲特留大將才，即練大兵以當之。然得粵究以長驅
為要，長驅仍以翼為之。」廣東「有剛統大局，有版、品、林諸人，
或可以守，則羽異往西亦極穩。」[43]視取粵為鞏固後防，襲桂才是勤
王進取。

　　七月十八日李鴻章北上後，保皇會更加偏重取粵，並進一步制定
出具體計劃：挑選精勇選鋒分隊入城埋伏，首先襲奪水師艦船，以艦
炮轟擊城池；於觀音山五層樓及各城門遍插預先製作的清軍旗幟燈
籠，布為全城兵變疑陣，趁亂奪城；然後「挾德壽出示遍諭勤王」
[44]，傳檄州縣，奪餉械，募款項，練精兵，安商旅，設民政局，照會
各國領事。但康有為還在猶豫不決。他指示辦事人：「此刻專注東省
（以李去之故），若得手，則取其軍械、財富，天下不足定。倘度不
能得手，則切勿發也，必聚全力於西省，直趨湖南。」「或全力取

---

40　1900年6月27日《致葉湘南書》，上海市文物保管委員會編：《康有為與保皇會》，第
　　136-137頁。「島」即星洲島主，丘菽園號。

41　1900年6月27日《致葉湘南書》，上海市文物保管委員會編：《康有為與保皇會》，第
　　137頁。

42　《致徐勤等書》，上海市文物保管委員會編：《康有為與保皇會》，第127頁。

43　1900年6月27日《致葉湘南書》，上海市文物保管委員會編：《康有為與保皇會》，第
　　137頁。

44　《致徐勤等書》（二），上海市文物保管委員會編：《康有為與保皇會》，第106-107
　　頁。編者判定是函寫於六月二十日前，據內容應在此後。

東，或全力趨西，此間不能遙斷。或兩粵並舉。」「務求一發必中，便宜辦理，不拘一說，避實擊虛。」[45]

與此同時，唐才常電催康有為還港，「預備入江入津，因外國欲救上也。」[46]康遂通電各國，探測它們對營救光緒的態度，以便相機決定「還港調度」還是隨英國軍艦「赴京救上。」雖然他曾完全指望外強保救光緒，甚至公然號召助洋人攻團匪以救上，但對列強仍然懷有戒意，擔心一君一臣孑然在北，即使僥倖南渡，訂立和約時，「既受彼厚恩，又絕無勢力，只得俯首，一切惟命。是吾為安南也，是賣國自吾也，不然亦為波蘭、為埃及，恐土耳其亦不可得也。」在他看來，救上的目的在於變法，而變法「非經雷霆掃蕩之威，未易行也。即論救上，亦須我軍威既立，能直搗京師，然後請西人從中調和，成之和議乃易。不然南還，亦必吾南中親軍已立，然後可靠。不然。則李傕、郭汜之流，可奪上而生他變耳。」[47]將保救光緒的重心由倚賴外強轉到自己的勤王武裝之上。後來英國政府提出，以得到光緒的求救手諭為出面干預的先決條件，北上化為泡影。而還港「明購械治兵」之舉，也擔心刺激廣州清軍加強戒備，城「反難取，故不還港。」[48]

正當保皇會在兩廣左顧右盼之際，漢口自立軍已如箭在弦，不得不發了。這時保皇會用兵的重心仍在兩廣，梁啟超趕赴自立軍起義不及，在上海即表示：「也許將去兩廣。似乎與兩廣的唐景崧已經聯繫好

45 《致辦事諸子書》（一），上海市文物保管委員會編：《康有為與保皇會》，第149-152頁。

46 1900年7月4日《致妙華夫人書》，上海市文物保管委員會編：《康有為與保皇會》，第174頁。

47 《致唐才常書》，上海市文物保管委員會編：《康有為與保皇會》，第142-143頁。

48 1900年6月27日《致葉湘南書》，上海市文物保管委員會編：《康有為與保皇會》，第138頁。

了。」[49]除原定計劃外，五月間，保皇會日本總部以「今日辦事，不能不借外力」，指示洛杉磯分會，以礦物、鐵路為報酬相誘，遊說「既知兵，而且有此志」的美國人荷馬李在保皇會舉事時，募集美兵相助，並通知其來由時「順道往見長者，商辦一切。」[50]荷馬李趕到澳門，準備召集二萬五千苦力組成軍隊，由美國軍官率領，從澳門攻打廣州。[51]康有為認為其「來助甚好」，但礙於「餉薄難供養」[52]，「我力未厚，頃難即用之，須少待耳。」[53]因而澳門總局將此方案暫時擱置。

　　自立軍敗使保皇會士氣受挫，隨之而來的嚴防搜捕又加大了再舉的難度。但保皇會人力物力集於兩廣，並未傷著元氣。康有為雖然痛感「大功未成，元勳先隕，失我良將」，仍堅持發動，甚至為各地會黨蜂起勤王的傳聞所鼓舞。九月間，他在家書中不斷提到：「得上海電來，知長江上游三處起，下游六鎮即發，麻城大軍入河南迎駕。」[54]「幸麻城一軍有十萬人北上迎駕，又湖南藩司錫良所帶偽勤軍為我所襲，力頗厚矣。今變為第二隊之勤，若天相助，可望成也。」[55]「長江有人卅萬，今下游尚有大力，即決日再起，北上入晉矣。廣西

49 《井上雅二日記》，明治三十三年八月二十二日，湯志鈞：《乘桴新獲——從戊戌到辛亥》，第371頁。

50 1900年5月19日《陳國鏞致譚張孝書》，譚精意供稿，阮芳紀、黃春生、吳潔整理：《有關保皇會十件手稿》，《近代史資料》，總80號，1992年1月。

51 史扶鄰著，丘權政、符致興譯：《孫中山與中國革命的起源》，北京，中國社會科學出版社，1981年版，第182頁。

52 1900年6月27日《康有為致譚張孝書》，譚精意供稿，阮芳紀、黃春生、吳潔整理：《有關保皇會十件手稿》，《近代史資料》，總80號，1992年1月。

53 1900年8月11日《與同薇書》，上海市文物保管委員會編：《康有為與保皇會》，第177頁。

54 1900年9月3日《與同薇書》，上海市文物保管委員會編：《康有為與保皇會》，第183頁。

55 1900年9月20日《與同薇同璧書》，上海市文物保管委員會編：《康有為與保皇會》，第184頁。

亦有布置」[56]。

　　然而，這時李鴻章電告駐英公使羅豐祿照會英國外交部：「康梁布散黨徒，暗結廣東著匪區新、三合會首潘新桂、劉福等，聯各省會匪，約在兩湖、三江、兩廣起事，名為保國，陰圖擾亂。」「粵省亂黨尤多，均在香港余育之花園、澳門《知新報》館，密謀拜會。最著者有何連旺、何戀齡、徐勤、劉楨麟、麥孟華、陳宗儼、容閎，往來港澳，勾結盜匪，訂期起事。槍炮由南洋用棺裝運入粵。若不查辦，有礙東南商務大局。」[57]英國政府擔心其在長江及廣東的利益受到影響，指示殖民部電飭新加坡、香港等地總督查辦，使保皇會失去了外部支持的便利條件。

　　九月，梁啟超和容閎先後抵香港，分別會見港督，「告以各國民心非上位所能壓」，「與港督定約取粵，港不肯，且多非常不妥之言，謂彼必調兵道。」警告「爾等切勿起事。」[58]康有為深知「區區烏合之眾，實不能敵港兵」，暗中放棄取粵。但又擔心「損辦事者之氣也」，故密而不宣，僅「大力令取西」。澳門總局的徐勤、歐榘甲等對此底蘊「亦未之知」，拒絕了港督卜力的請願建議，繼續「眷戀東省」[59]，造成統帥部與前敵指揮所在調度指揮上的嚴重牴牾，令保皇會的行動陷入混亂。

---

56　1900年9月26日《與同薇同璧書》，上海市文物保管委員會編：《康有為與保皇會》，第185頁。

57　光緒二十六年九月九日（1900年10月31日）《張之洞奏宣布康黨逆跡並查拿自立會匪首片》，張之洞著、王樹枏編：《張文襄公全集》，北京，中國書店，1990年版，卷51，奏議51。余育之為香港日新銀號及跑馬地愉園主人，一八九五年興中會起義時曾助款萬數千元。見馮自由《革命逸史》，第3集，第20頁。

58　《與同薇書》，上海市文物保管委員會編：《康有為與保皇會》，第182頁。是函應寫於1900年9月。

59　1902年6月3日《致羅璪雲書》，上海市文物保管委員會編：《康有為與保皇會》，第160頁。

後來康有為函告丘菽園道：

> 僕意今專注於西，而辦事人所用者皆東人也（數月相牽，致兩
> 無成功，在辦事皆東人想東故，以此故處之甚難），以西中人
> 地不宜，皆不欲西而欲東，又有含怒之心也。僕以西人虎視於
> 東，漢事可鑒。即得之，恐為他人作嫁耳。又攻堅非宜，彼備
> 既嚴，吾實力未足，不若攻虛。累書勸告，而井上未以為然
> 也。以東故費極多矣。今更難繼，公謂如何？若以絕東專西為
> 宜，亦望公發一長書勸井上。井上甚稱林玉才（林已歸井，同
> 辦一路）。
> 井上屢請添械，僕以井上不欲西，故不欲添之。若欲東則添
> 械，不知如何乃為止境。甚恐雖添亦復不足，仍無用。而累月
> 以來，老師靡餉，未得一當。況即得當，尚恐西人不允借為定
> 亂而取之乎？秦西亦極以此為言，戒勿浪舉，俟其往英倫訂約
> 後乃可行。僕深然其說。然僕此非數年不可，數年之費餉無數，
> 變又無限，安能久待？故不如先西為之愈也。若西既得，遂而
> 取東，其於外交易矣（望同苦勸之，以彼日間迫於舉也）。[60]

---

[60] 轉引自《自立軍起義前後的孫康關係及其他》，《近代史研究》1992年第2期。湯文判定是函寫於自立軍起義之前，但函中有「漢事可鑒」一句，應指自立軍失敗事。惠州起以後康於另一致丘菽園函中亦稱：「今當絕意於東耳。且東事有外人窺伺，雖得而不易守乎？（漢事可鑒）。」秦西即容閎，其於九月十一日由日本航抵香港，隨即赴英國辦理外交。是函言及此事，則應寫於此後。誤判的關鍵，在於將「井上甚稱林玉才」認作林圭。據十一月二十六日康有為致丘菽園函：「林玉同辦，井甚稱之」（杜邁之、劉泱泱、李龍如輯：《自立會史料集》，第330頁）。林玉原為廣西統軍九將之一，後與版築、三品等隨梁炳光辦粵事。井上，仍為梁炳光。據井上雅二日記，一九〇〇年八月他已有赴歐洲計劃，十月二十四日曾到北京，隨即歸國。十一月十四日參加東亞同文會會議，次年四月赴歐，不可能在此期間南下廣東，主持數月用兵大事。

　　由於調度乖方，保皇會的東西兩軍始終籌而不舉，莫衷一是。十月六日，興中會卻在惠州樹旗起義。清政府因漢事甫平，惠事又起，加上接連收到孫、康兩派購械運貨的密報，「防戒極嚴，查搜益密，攻擊更甚。」[61]「粵事大局，翼、剛兩大路皆為惠局所累。」葉湘南在東莞所辦團練被查出，陳翼亭雖得密報出走，「然梧州以其頻上下，緝之甚嚴」，其運械小輪也被迫停開，「部下因此有散者。」這時梁炳光「尚固持欲辦」，康有為則「決意令停辦東事（日間已累飛書停絕東事），專意西機」，以免「餉累無窮（粵累餉最大），終為所牽。」[62]此後粵中黨禍益甚，保皇會一些骨幹及其親屬被捕。陳翼亭「大為其鄉人所攻，致共寄頓之械多致發露，輪不能行，械不能運」，「不能舉事，恐此與江事無異。」康有為再度表示：「既決為之棄粵」。[63]

　　到十一月下旬，「若港澳之間，前已令停，粵局但資通信之人耳。」而廣西發動之機也日見其微。十一月二十六日，康有為函告丘菽園：「井統五軍，治事甚密，前得一營，既泄，而不能內舉，泄後又不能不待軍備。僕惟恐其妄動，今僕被執，恐死矣，其一軍恐散。若不能西，已令向北，免久糜餉。此皆他人所不知者。若羽異之先，原得三萬，起自南關；後泄，則力有未逮，已交四萬餘，改請七萬；今又泄，而前途戒嚴，又索十數。」「今輪被停，而械亦少矣，幸雖

---

61　1900年11月20日《康有為致丘菽園書》轉引自湯志鈞：《自立軍起義前後的孫康關係及其他》，《近代史研究》1992年第2期。是函僅署「廿九日」，據內容定為九月，即西曆11月20日。

62　《康有為致丘菽園書》，轉引自湯志鈞：《自立軍起義前後的孫康關係及其他》，《近代史研究》1992年第2期。是函提及惠州起義，應寫於10月。

63　1900年11月26日《康有為致丘菽園書》，杜邁之、劉泱泱、李龍如輯：《自立會史料集》，第330-331頁。

泄而其人尚無恙。」[64]雖未明言放棄，已在為勤王運動作收場總結
了。丘菽園因此對康失去信任，親自出馬掌管糧臺，並截留海外各埠
捐款；後又與康決裂，提出再捐款十萬，請梁啟超回日本主持全域，
重整旗鼓。[65]但澳門總局的徐勤等已撤離，僅留王覺任、葉湘南、劉
楨麟等辦理善後。

　　實際上，澳門總局辦事諸人在漢口兵敗之初還情緒激昂，日夜密
謀糾合長江同志再舉。後來見國內外形勢惡化，感到輕舉難以奏功，
便轉而採取慎重態度，僅以養成實力為名聚集力量，暗中放棄起義計
劃。[66]惠州起義的影響，不過是保皇會藉以體面收場的藉口。停辦東
事，早在惠事前已經明朗化。而東事一停，辦事人也無心戀戰。隨著
時間的推移，廢立之爭帶給勤王運動的聲勢已經掩飾不住保皇會漏洞
百出的組織準備，這必然從根本上動搖康們師徒大舉起義的信心。即
使沒有惠事的影響，保皇會也難以支撐下去。撤銷澳門總局，正是全
盤放棄勤王運動的表徵。一九○一年五月，井上雅二赴歐途中在香
港、澳門、新加坡等地走訪康派志士，了解保皇會動向，並到庇能拜
訪康有為，康表示以「蓄力」、「籌餉」[67]為長久之策。他還拒絕了荷
馬李等人「大集眾埠」華僑精英再度起義的建議。[68]雖然一九○一至
一九○二年廣西會黨起義時，仍有一些保皇會員入桂聯絡，無奈大勢
已去，回天乏術了。

---

64 1900年11月20日《康有為致丘菽園書》，轉引自《自立軍起義前後的孫康關係及其
　　他》，《近代史研究》1992年第2期。

65 1901年6月3日《與南海夫子大人書》，丁文江、趙豐田編：《梁啟超年譜長編》，第
　　261-263頁。一九○○年梁啟超到南洋時，丘、康關係尚融洽。後因財政問題，丘疑
　　心於康，一九○一年更公開撰文自辨非康黨，解脫「叛逆」罪名之外，更指責康結
　　黨欺人。（《北京群報》，1901年8月13日）

66 松岡好一：《康孫兩黨之近情》，《東亞同文會第十三回報告》，明治33年12月。

67 井上雅二：《康有為訪問記》，《大阪每日新聞》，明治三十四年六月二十七至二十八
　　日；《井上雅二日記》，明治三十四年五月五日、二十二日。

68 1901年7月5日《康有為致譚張孝書》，《近代史資料》，總80號，1992年1月。

## 三　秀才用兵

　　保皇會的勤王運動，歷時兩年，波及多省，動員大量人財物力，又趁清廷自顧不暇之機，結果卻不戰自潰，草草收兵。事後人們紛紛追查敗因咎責，保皇會內部也互相猜疑推委，或稱告密牽累，或謂餉械失濟，或指中飽私囊。然而，檢驗保皇會的組織指揮系統及其實際運作，可見其中存在嚴重痼疾，使整個戰略準備停留於計劃的一紙空文，沒有落到實處，因而注定了失敗的命運。

　　大規模的武裝起義，貴在組織嚴密，指揮果斷，辦事有效，令行禁止。否則，計劃再周詳，也是紙上談兵。但保皇會骨幹多為士子書生，情急而言兵，從個人素養到組織功能，都與軍事行動的要求嚴重不符。正所謂秀才造反，誇誇其談，成事不足。康有為身為統帥，長時間對主攻方向舉棋不定。雖然他後來聲稱「前後俱注意於西」，但未能堅決貫徹實施。在華僑督催，屬下意見分歧，以及客觀形勢千邊萬化等因素的干擾下，一年之內，幾易方略，最終也沒有注全力於西，主攻側應流於相機速發。帥無定見，乃兵家大忌。

　　此外，由於澳門總局辦事不利，康有為無法切實掌握各路勤王軍情，卻堅持「大事仍由南佛主斷」[69]，所定用兵方略悖離實際。如黃忠浩五月前已移防湖北，而六月他還鄭重其事地將其巡防營作為長沙內應的主力。而且康缺乏軍事常識，其決策有時令人啼笑皆非。保皇會在日本訂購舊槍，他只圖引誘群豪，指示多購價廉質次者。甚至聽信陳翼亭別有用心的胡說，認為「不如土貨之善矣」[70]，要少購洋

---

69　1900年5月19日《致湘曼孺孝諸兄書》，丁文江、趙豐田編：《梁啟超年譜長編》，第226頁。

70　1900年6月5日《致徐勤等書》，上海市文物保管委員會編：《康有為與保皇會》，第101頁。

槍，多購土製抬槍線槍「以省費」[71]。他自詡知人善任，卻往往用人不當，信任誇誇其談的富商子弟和心懷叵測的游勇頭目，埋下致敗禍根。更有甚者，他極力舉薦侄子康同富辦理廣東軍務，理由之一，竟是後者「且能熟《三國演義》」[72]。加上康有為缺乏勇氣膽識，遠居南洋養尊處優，不敢親入內地統軍，平時還要眾多衛士洋兵保駕，很難應付瞬息萬變的局面。難怪一位久慕其名的加拿大華僑指責其「有救世之力，而無救世之勇」，只知「舞文弄墨，視中國瀕危於不顧。」[73]

先生如此，門生更甚。澳門總局擔負著聚人聯絡，收撥款項，購械運貨等項重任，相當於前敵指揮部。照梁啟超的說法：「現時先生既遠在海外，其居港澳總持此事之人，即是當天下最要之衝」[74]，「內之布置義舉，外之聯絡各埠，責任至重至大。」[75]康有為手定的《保救大清皇帝公司序例》也稱之「握外洋之樞，尤為辦事之主。」[76]後來因兩廣行動虎頭蛇尾，康有為謊稱：「若鏡、勉等，不過為通信驛卒，看店之等，非因大得失也。」[77]表面貶低總局的地位作用，其實是為弟子們開脫咎責。

該局實際主事者為《知新報》同人，如王鏡如、陳介叔、劉楨麟

71 《致辦事諸子書》，上海市文物保管委員會編：《康有為與保皇會》，第152頁。

72 1900年6月23日《致徐勤等書》，上海市文物保管委員會編：《康有為與保皇會》，第128頁。

73 黃宇和：《三位流亡的理想主義者：容閎、康有為及孫中山》所引英國外交部檔案藏原函，《國外中國近代史研究》，第12期。

74 1900年4月23日《致南海夫子大人書》，丁文江、趙豐田編：《梁啟超年譜長編》，第230頁。

75 1900年3月28日《與〈知新〉同人書》，丁文江、趙豐田編：《梁啟超年譜長編》，第207頁。

76 上海市文物保管委員會編：《康有為與保皇會》，第259頁。

77 1900年11月26日《康有為致丘菽園書》，杜邁之、劉泱泱、李龍如輯：《自立會史料集》，第332頁。

等，而由王鏡如總辦。梁啟超屢次用「散漫異常」，「極其散漫」，「未有人克稱其職」等詞句形容總局狀況，批評其「不舉行總會之實事」。他到檀香山兩月餘，「寄澳門書六、七封，而彼中無一字之答。」「金山來函，亦言久不得總會來信。各處皆然。」[78]梁啟超連「港澳近日布置」亦「絲毫不能與聞」[79]，根本無法協同動作。為此，他建議加派人手，健全機構，分工負責，但情況不見改善。到四月下旬，他仍然批評「總會之事甚散漫，絕不成中央政府之形。」[80]自己「有事欲與總會相商，不知商於何人乃有力量。」[81]王覺任母病歸省後，徐勤接任總辦，葉湘南、歐榘甲、羅潤楠、張棠蔭、王穎初、韓文舉、陳繼儼、陳默庵、酈壽民、梁少閒、何樹齡等保皇會精英彙集澳門，人才濟濟。但直到五月下旬，梁啟超還在抱怨「澳人不肯與我輩通一字。」[82]

梁啟超與《知新報》諸人有些過節，受到慢怠，還算事出有因。然而康有為也同遭冷遇。「剛事」康再三函囑，總局月餘不應，「十七書皆不復，可怪。但言支款及加拿大事，四信皆然，如此嘵嘵，反置它要事於不理。」徐勤還以寫信則不能睡覺為託辭，「但言不暇覆信」[83]。甚至如何寫信彙報情況，也要康有為反覆指教：「不得輕率苟

---

78 1900年3月28日《與〈知新〉同人書》，丁文江、趙豐田編：《梁啟超年譜長編》，第199頁。

79 1900年3月13日《與夫子大人書》，丁文江、趙豐田編：《梁啟超年譜長編》，第207頁。

80 1900年4月29日《致雪兄書》，丁文江、趙豐田編：《梁啟超年譜長編》，第239頁。

81 1900年4月22日《致南海夫子大人書》，丁文江、趙豐田編：《梁啟超年譜長編》，第229頁。

82 1900年5月25日《致羅孝高老弟書》，丁文江、趙豐田編：《梁啟超年譜長編》，第231頁。

83 1900年6月20日前《致徐勤書》（一），上海市文物保管委員會編：《康有為與保皇會》，第104頁。

簡，令吾無從揣測調度。」[84]而且「自正月以來，所有澳中存款若干，支出若干，並無報銷。偶一問及，即以為有人攻擊，申辯無窮。」[85]且不發各路軍餉。康有為囑購一幅地圖，亦前後「五、六函追不得。」[86]急得他大罵徐勤：「汝既總辦，我為總持，喉舌所通，事關至要，豈得以不暇委哉！」「如此做法，非小兒即是心亂，令吾憂極。」[87]

　　六月中旬，北方形勢驟變，海外各埠及上海電函紛至沓來，唯獨澳門音信杳然。丘菽園「日來問消息布置」，康有為無詞以對，「消息且絕，況於起乎？」保皇會傾全力注西，而正軍主將陳翼亭的行蹤，主帥竟毫無所知，令「各人日夜狂思亂想，皆如夢中。」六月二十七日，正當康有為在新加坡「日夜與鐵、覺商，與島辨，為西事辦否，今日尚辨駁無窮」之際，忽接徐勤電告，陳翼亭已經出發。後又證實陳並未行動。康有為氣急敗壞地迭函斥道：「天下豈有辦事若此者乎！開小鋪尚有所稟承，報信尚當詳明」[88]，「開一剃頭鋪，尚有鋪章，安有如許大事，而絕無章法如是乎！」[89]「今吾負天下之責望，當非常之機會，而消息絕塞，號令不行，一輩愚生以其愚忠如驕子之專恣亂舞，吾不知死所矣。」[90]「吾以身陪奉汝，豈能將天下陪奉

84 1900年6月27日《致徐勤等書》（二），上海市文物保管委員會編：《康有為與保皇會》，第131頁。

85 1900年6月27日《思莊致徐勤書》，上海市文物保管委員會編：《康有為與保皇會》，第196頁。

86 《致辦事人書》，上海市文物保管委員會編：《康有為與保皇會》，第123頁。

87 1900年6月20日前《致徐勤書》（一），上海市文物保管委員會編：《康有為與保皇會》，第104頁。

88 1900年6月27日《致徐勤書》（一），上海市文物保管委員會編：《康有為與保皇會》，第132頁。

89 《致辦事諸子書》，上海市文物保管委員會編：《康有為與保皇會》，第153頁。

90 1900年6月27日《致徐勤書》（二），上海市文物保管委員會編：《康有為與保皇會》，第134頁。

汝乎？」[91]迫不得已，他只好強命王覺任復出，總管內政，由葉湘南負責內事籌畫、接覆函電及綜攝理財，徐勤專辦外交，應接志士，撫綏豪傑。但局面仍無根本改觀。

辦事不力源於能力不強。保皇會骨幹大都長於文筆而拙於任事，梁啟超因而慨歎「同門無人才」[92]。徐勤、王覺任等抱病節哀，用功勤苦，無奈心有餘而力不足。麥孟華、羅普及澳門總局先後主持策劃暗殺行刺，費時年餘，或一籌莫展，或擊而不中。尤其是缺乏統攬全域，獨當一面的將帥之才。韓文舉「謹有餘機變不足」；歐榘甲「文字之才也，難於共事」[93]，「於報才為長，而任事則非其長」[94]；何穗田篤信扶乩算卦；王覺任、陳士廉善決斷，但或才短或量淺。對於康門弟子言兵的意志能力，革命黨早有懷疑。梁啟超也承認：「吾江島人物歸去者便輒頹唐，更無布置，有數人皆前車矣。想來總是志氣不定，脊骨不堅所致。如此安能任大負重？」擔心「飛天頭陀笑我到底也。」[95]

鑒於「港澳同門無一可以主持大事之人」，梁啟超「以閱歷稍多，似勝於諸同門」，[96]主動請纓，要求前往主持大局。但康有為認為

---

91 1900年6月27日《致徐勤書》（一），上海市文物保管委員會編：《康有為與保皇會》，第132頁。

92 1900年3月13日《與夫子大人書》，丁文江、趙豐田編：《梁啟超年譜長編》，第199頁。

93 1900年3月28日《致康南海先生書》，丁文江、趙豐田編：《梁啟超年譜長編》，第210頁。

94 1900年11月26日《康有為致丘菽園書》，杜邁之、劉泱泱、李龍如輯：《自立會史料集》，第333頁。

95 1900年4月4日《與黃為之書》，丁文江、趙豐田編：《梁啟超年譜長編》，第212頁。1899年7月，梁啟超與韓文舉、李敬通、歐榘甲、梁啟田、羅潤楠、張學璟、梁炳光、陳國鏞、麥仲華、譚錫鏞、黃為之等十二人結義於日本江島金龜樓。

96 1900年3月13日《與夫子大人書》，丁文江、趙豐田編：《梁啟超年譜長編》，第200頁。

他「頗有輕聽人言，因人之短而輕信之弊」[97]，未予批准。而且保皇會正副會長在人事方面意見不一致，康、徐稱麥孟華為天下才，梁啟超則指其「太密而沉，此可以當一面自成一事之人，而非能統全域之人也。」[98]梁推崇徐勤，康有為又認為「實非鏡之寬博沈密有謀之比。」[99]康重用王覺任，可是不僅梁啟超頗有微詞，各同門也覺得其「為人雖佳，然究短於才」[100]，難以服眾。

　　辦事無能，偏又個個自以為是，使保皇會意見歧出，行動起來無所適從。梁啟超催促容閎前往美洲協助借款，待其出發後，又函阻「以勿來為宜。」[101]澳門總局對康有為的指令也陽奉陰違。甚至對康有為本人的行動，眾門生還紛紛指手劃腳，「如徑電勿來新坡，卓徑電勿上香港」，則康只能「死於海中矣。」

　　對於這種輕率隨意地發號施令，康有為十分惱火，曾向徐勤抱怨道：「汝視吾行事，如學臺看童生卷，隨意批詰駁落。汝等稍自立，數人近皆如此。我一童生，而塗等無數學臺吹毛求疵，吾一老童之卷，年老手顫，其必下第固矣。而無如汝數學臺或僅閱破承，或但觀起筆，不閱全卷，即已抹落。又汝等諸學臺本不讀書，僥倖放差，閱歷極少，乃遂妄行。吾一童既落，而全棚之不卷嘩罷試者幾希。」[102]康有為屢次告誡弟子：「今日辦事，非讀書時可比」，[103]「辦事與論學

---

97　1900年11月26日《康有為致丘菽園書》，杜邁之、劉泱泱、李龍如輯：《自立會史料集》，第331頁。

98　1900年4月29日《致雪兄書》，丁文江、趙豐田編：《梁啟超年譜長編》，第239頁。

99　《康有為致丘菽園書》，杜邁之、劉泱泱、李龍如輯：《自立會史料集》，第332頁。

100　1903年2月16日《高山致康有為書》，上海市文物保管委員會編：《康有為與保皇會》，第216頁。

101　1900年4月23日《致南海夫子大人書》，丁文江、趙豐田編：《梁啟超年譜長編》，第230頁。

102　《致徐勤書》，上海市文物保管委員會編：《康有為與保皇會》，第148頁。

103　1900年6月27日《思莊致徐勤書》，上海市文物保管委員會編：《康有為與保皇會》，第196頁。

不同。汝等落吾卷，尚可他年再考，今若落吾卷，無再考之日。」[104]
希望弟子們抹掉頭巾氣，但他自己卻難去迂腐習。他指示總局建全文
書制度，「各種部箱皆宜備」，理由之一居然是「今日軍謀即為它日考
據」，[105]真是三句話不離本行！

保皇會奉行辦事同門人，打仗子弟兵的封閉式組織方針，以君、
親、師的舊式紐帶定親疏，令人才不足的痼疾更加嚴重。三年後徐勤
所說的一段話，足以為此時的言行作注：「凡辦事外人多不可靠，必
須同門乃可。」「俗諺所云：上陣不離父子兵。今日欲辦大事，真非
同門不能也。蓋草堂師弟之誼，數千年所未有。今日之所以能轉移一
國者，全在此一點精神耳。」[106]梁啟超對此早有不滿，認為：「舉此
大事，非合天下之豪傑不能為功」，既然同門之人才不能「扛起天下
事」，則「同門不同門之圈限，必當力破」，[107]「兼收並蓄，休休有容
乃第一要著。」[108]主張以「闊達大度，開誠布公」為不二法門，「必
出盡方法以收羅難駕馭難節制之人」，而批評「吾黨之手段，每每與
此八字相反」。[109]儘管「此種言論，最為同門所不喜，而南海亦不甚
許可」[110]，他仍堅持己見，「不敢因噎廢食」，並反駁康有為「不同門

---

104 《致徐勤書》，上海市文物保管委員會編：《康有為與保皇會》，第148頁。

105 《致徐勤等書》（三），上海市文物保管委員會編：《康有為與保皇會》，第109頁。

106 1903年10月26日《徐勤致康有為書》，上海市文物保管委員會編：《康有為與保皇
會》，第231頁。

107 1900年3月28日《與〈知新〉同人書》，丁文江、趙豐田編：《梁啟超年譜長編》，
第207-208頁。

108 1900年4月23日《致南海夫子大人書》，丁文江、趙豐田編：《梁啟超年譜長編》，
第230頁。

109 1900年3月28日《與〈知新〉同人書》，丁文江、趙豐田編：《梁啟超年譜長編》，
第207-208頁。

110 丁文江、趙豐田編：《梁啟超年譜長編》，第208頁，何擎一夾註。

多誤事」的責難：「前此同門之誤事者，又豈少乎？」[111]

可惜這一批評不為師友接受。梁啟超視梁子剛、唐才常為「吾黨長城」，屢次函囑澳門總局「與之和衷，勿使英雄無用武之地。」「今日欲成大事，萬不可存一同門不同門之界。」但二人均非草堂嫡系，總局並未切實接濟。梁啟超對剛、智二人「以百口保之」，認為「同門無及之者。」[112]徐勤卻甚不滿「子剛為人」[113]，令其擔憂「剛與澳人不水乳」。[114]康有為雖關注剛事，對長江流域卻未予同等重視。保皇會海外籌款三十萬元，長江方面只分到四萬，其中三萬還是丘菽園直接贈與唐才常，由保皇會分撥的僅一萬。[115]

自立軍失敗後，唐才常聲名遠播，康有為詭稱：「安徽、廣西、廣東三省皆密布兵，期武昌舉義而回應」[116]，故意將湘鄂偏師說成主力，以掩人耳目，敷衍塞責。實際上，當時保皇會的決策是：款多「自當全域並舉，即不爾而專事故鄉。」[117]康梁眼中的徐敬業，至少並非「捨唐莫屬」[118]。直到六月，康有為還認為只要「多得數萬金購

111 1900年4月29日《致南海夫子大人書》，丁文江、趙豐田編：《梁啟超年譜長編》，第232-233頁。

112 1900年3月28日《致康南海先生書》，丁文江、趙豐田編：《梁啟超年譜長編》，第210頁。

113 1903年10月26日《徐勤致康有為書》，上海市文物保管委員會編：《康有為與保皇會》，第231頁。

114 1900年4月29日《致南海夫子大人書》，丁文江、趙豐田編：《梁啟超年譜長編》，第233頁。

115 《致辦事諸子書》（三），上海市文物保管委員會編：《康有為與保皇會》，第154頁；田野桔次：《最近支那革命運動》，第1章，《哥老會巨魁唐才常》。

116 康有為：《唐烈士才常墓誌銘》，杜邁之、劉泱泱、李龍如輯：《自立會史料集》，第221頁。

117 1900年3月20日《致康南海先生書》，丁文江、趙豐田編：《梁啟超年譜長編》，第204頁。

118 馮自由：《中華民國開國前革命史》上編，第66頁。

數千械，分給翼亭、區、傅、徐老虎數軍，則橫行江湖，可操必勝。」[119]方略中沒有湘鄂的顯要位置。

保皇會堅持兩廣發難，明顯帶有畛域之見。康有為不肯北上，原因之一是南中親軍未立，不能駕馭群雄。其戰略主攻方向雖定在廣西，所依靠的正軍還是廣東游勇，領兵將帥也大都為粵人。康有為明確指示總局：「我廣勇為最精最勇之軍，且言語相通，倚為心腹必廣勇。厚集其勢力，……合為一大團體，乃可制外省湘、鄂、淮、皖諸軍也。」[120]其防止各路諸侯趁亂生變的用意不無積極一面，但以地緣定親疏，狹隘性明顯可見。更有甚者，他自吹「我家將才極多」，推舉曾跟隨從祖康國器鎮壓太平軍的幾位親戚在襲取廣州後出而領兵，[121]並輕信侄子康同富「於辦軍務及兵法滔滔可聽，皆可施行」，立即派歸任用，認為他們忠信可靠，「且極可託，必不患其泄。」[122]以血緣關係作為區分忠奸的標準。

然而，舊式紐帶並不能保障保皇會的戰略行動，其勤王計劃遲遲不能付諸實現的原因之一，恰好是「辦事皆東人」。保皇會內部也矛盾重重。梁啟超與《知新報》因故失和，港澳之間則「氣味不甚相投。」[123]王鏡如等行為慎密，在澳同門劉楨麟亦不能預聞機要，辦起事來互相掣肘。而一旦誤事，又彼此猜疑推委。康有為因「剛事」延

---

119 《致辦事人書》（二），上海市文物保管委員會編：《康有為與保皇會》，第118-119頁。直到六月下旬，港澳已能購械，康有為才讓日本總會將餘款撥往上海或代為購械（1900年6月23日《致麥孟華等書》（一），上海市文物保管委員會編：《康有為與保皇會》，第125頁）。

120 《致辦事諸子書》，上海市文物保管委員會編：《康有為與保皇會》，第149頁。

121 《致辦事人書》（三），上海市文物保管委員會編：《康有為與保皇會》，第120頁。

122 1900年6月23日《致徐勤等書》，上海市文物保管委員會編：《康有為與保皇會》，第128頁。

123 1900年4月23日《致南海夫子大人書》，丁文江、趙豐田編：《梁啟超年譜長編》，第229頁。

誤責怪徐勤，徐懷疑王鏡如、歐榘甲告密狀，力辯之外，且加攻訐。
羅普也懷疑梁啟超海外籌款「有不實不盡之言」。[124]

　　勤王不成，耗資無數，華僑責難日至，為了維繫派別私利，康有
為不惜嫁禍於人，他聲言：「然今大事之付託，全在統兵之人」[125]，
表面承擔用人失察之責，其實是委過於領兵將帥，以解脫草堂弟子的
干係。當有人追究海外捐款的用途去向時，康竟栽贓於何穗田。秦力
山等專程趕到澳門查閱收支帳冊，才知何「僅為一掛名之總會財政部
長，事實上與總會財務絲毫不能過問。」[126]何氏所扮演角色，本係康
有為一手操縱。六月，何無意中得知康因支款事責備徐勤，亦具函申
辯。康為此函責徐勤：「此等內事，豈可告穗而生支離乎？」[127]排斥
於前而嫁禍於後，為自保不惜害人，心術險惡，無過於此。

　　保皇會倚為心腹的廣勇頭目，多為騙棍賭徒，受利誘而來。康有
為稱正軍主將陳翼亭之才為「眾口交推，非獨僕所信保。但太穩求
全，非冒險家耳。」[128]對其籠絡有加。其父病故，在保皇會財政十分
拮据的情況下，康有為指示總局奉以厚奠。[129]但事到臨頭，陳卻不斷
抬高要價，「借運動為名騙去六萬元。」[130]其他如版築、三品等，康
視為得力幹將，為網羅到手，「所費不貲」，後來卻「不能得其用，棄
之難塞。」[131]梁炳光更指三品為「虎狼」，「今以供應不足，幾有脅制

---

124　1901年6月3日《與南海夫子大人書》，丁文江、趙豐田編：《梁啟超年譜長編》，第
　　262頁。
125　《康有為致丘菽園書》，杜邁之、劉泱泱、李龍如輯：《自立會史料集》，第330頁。
126　馮自由：《革命逸史》，第4集，第74頁。
127　《致徐勤書》，上海市文物保管委員會編：《康有為與保皇會》，第147頁。
128　《康有為致丘菽園書》，杜邁之、劉泱泱、李龍如輯：《自立會史料集》，第332頁。
129　1900年6月5日《致徐勤等書》，上海市文物保管委員會編：《康有為與保皇會》，第
　　103頁。
130　丁文江、趙豐田編：《梁啟超年譜長編》，第215頁，原初稿批註。
131　《康有為致丘菽園書》，杜邁之、劉泱泱、李龍如輯：《自立會史料集》，第332頁。

反噬之心。」[132]另如梧州二陳，保皇會曾派陳默庵、葉湘南專程前往調查，「大稱其有人確鑿。其頭目數人來港索款數萬為軍裝，不能應之。」事後康有為承認對他們「未能深知。」[133]另外，從清方詳細查處的情況看，思恩康四也沒有自報的聚眾三萬的實力。[134]慘痛教訓令徐勤三年後仍心有餘悸，認為：「今日外人皆存一利用吾黨之心，除了騙錢之外無他事，故不可不慎之，免蹈庚子故事也。」[135]梁啟超更將「數年來供養豪傑之苦況」，比作孝子事父母，狎客奉妓女，指「用錢以購人之死力」為「最險最拙之謀」。[136]

康有為的父子兵同樣不可靠。康同富奉命到廣州後，與「必敗事」的無用之輩交往，且十餘日即濫用數月經費，令康有為大失所望，斥責其「糊塗若此，安能任事」。[137]保皇會從檀香山、加拿大、日本等地粵籍華僑中羅致的所謂軍事人才，從未受過軍事訓練，只不過略具膽識。就連梁啟超極力舉薦，統兵一路的橫濱福和商店少東家梁炳光，也是「好作高論，無所表見」。[138]五月以前廣東失機，總局

132　《康有為致丘菽園書》，轉引自《自立軍起義前後的孫康關係及其他》，《近代史研究》1992年第2期。

133　《康有為致丘菽園書》，杜邁之、劉泱泱、李龍如輯：《自立會史料集》，第332-333頁。

134　清駐新加坡領事曾偵知保皇會揚言康四「在思恩府誘眾三萬，候中堂啟節即起事。」（光緒二十六年六月七日《寄廣西憑祥蘇提督》，顧廷龍、葉亞廉主編：《李鴻章全集》（三），第981頁）經蘇元春詳查，「並無逆黨誘眾思逞之事。」（光緒二十六年六月九日《蘇提督南寧來電》，顧廷龍、葉亞廉主編：《李鴻章全集》（三），第987-988頁）

135　1903年10月26日《徐勤致康有為書》，上海市文物保管委員會編：《康有為與保皇會》，第232頁。

136　1903年11月18日《與夫子大人書》，丁文江、趙豐田編：《梁啟超年譜長編》，第332頁。

137　1900年8月27日《與同富書》，上海市文物保管委員會編：《康有為與保皇會》，第180頁。

138　馮自由：《革命逸史》第2集，第31頁。

固有援助不力之責，梁本人亦僅謀及「可以聚多人」之法，還是梁啟超提醒他：「徒聚之無益，當謀練之」。[139]

　　保皇會藉重的另一力量，是原臺灣民主國內渡以及參與變法維新的官紳，如唐景崧、丘逢甲、俞明震、康吾友、陳寶箴、岑春煊、熊希齡、鄭孝胥、黃忠浩、張棠蔭等。他們具有反清變政意向，但並無義無反顧之志，與保皇會同道而不完全同心。如黃忠浩雖在反覆勸說下同意加盟自立軍，擔任前軍統領，卻認為這種行動「目的雖對，方法不行」[140]，態度消極。這些人在順利時表現活躍，積極參與籌畫，掌握地方樞要，唐景崧、俞明震分別擔任廣西、江寧的聯絡主持人，丘逢甲亦自願具名於勤王檄文。[141]一旦形勢危迫，則或蟄伏不出，或袖手旁觀，或但求自保，有的後來還參與鎮壓廣西會黨起義，屠殺昔日的同道。廣西的唐景崧、岑春煊等與康有為是舊交，唐還是勤王戰略的主要依靠對象，但徐勤認為岑「不可信」。[142]康有為雖激賞唐景崧為人，當世間風傳唐向保皇會索款五萬金以謀巡撫之職時，還斷然予以否認。[143]可是徐勤忠告道：「西省人士好利若渴，近年以為吾黨勢力已盡，則群相攻擊。及見近日商會已開，知有利可圖，則又來利用矣。此等人只有置之不理可也，切勿贈以金錢。」[144]

---

139 1900年4月4日《與梁子剛書》，丁文江、趙豐田編：《梁啟超年譜長編》，第212頁。

140 唐才質：《自立會庚子革命記》，杜邁之、劉泱泱、李龍如輯：《自立會史料集》，第92頁。

141 《致徐勤等書》（五），上海市文物保管委員會編：《康有為與保皇會》，第112頁。

142 1903年11月29日《徐勤致康有為書》，上海市文物保管委員會編：《康有為與保皇會》，第238頁。

143 井上雅二：《康有為訪問記》，《大阪每日新聞》，明治34年6月28日。

144 1903年11月8日《徐勤致康有為書》，上海市文物保管委員會編：《康有為與保皇會》，第234頁。

## 四　聰明反被聰明誤

　　用人不當，調度乖方，使保皇會的籌備工作大都停留於口頭紙面，這是始終籌而不舉的真正原因。然而，康有為一味虛張聲勢，自高身價，外借勤王軍威鼓動捐款，內以財源茂盛招誘群豪。在毫無頭緒的情況下，他妄稱：「內地已有兵七十餘萬，新安廿餘萬，臺灣萬餘人（百戰之兵），南關萬餘，湖南廿餘地人，長江各省卅餘萬，勤王之舉，汲汲欲行。」「所以待之者，專待餉耳。」呼籲美洲華僑捐款「千數百萬」。[145]梁啟超對其「常作大言」，吹噓「在外得金幾何，擁兵幾何」的做法極為不滿，認為「徒使人見輕耳」，勸以「權術不可不用，然不可多用也。」[146]

　　但梁啟超自己也不能潔身自好，他讓澳門總局多致函各埠，「於籌款聚眾兩事，不妨稍鋪張揚勵也。」[147]此風相沿成習，同門之間照樣浮誇謊報。如康有為以「介、閒、勉合成一軍」，應對梁啟超關於粵事的詢問，而當時徐勤尚未返港，陳士廉則滯留北京，「其所謂軍者，必仍是識想所構造而已」，「實未有人也。」[148]後來徐勤三次就粵事答覆梁啟超，都說：「百事俱備，只欠東風。」梁直言不諱地批道：「弟竊疑其誇也。」「今東風固欠，而百事之未備者亦正多也。」從康有為的兩次覆函看，廣東方面連最起碼的購械運貨之事「尚全無

---

145　1899年10月2日《復李騰芳書》，上海市文物保管委員會編：《康有為與保皇會》，第90頁。

146　1900年3月20日《致康南海先生書》，丁文江、趙豐田編：《梁啟超年譜長編》，第205頁。

147　1900年4月4日《致康南海先生書》，丁文江、趙豐田編：《梁啟超年譜長編》，第214頁。

148　1900年4月12日《致南海夫子大人書》，丁文江、趙豐田編：《梁啟超年譜長編》，第217頁。

布置」，[149]的確「去事尚遠」。[150]

虛張聲勢的結果，雖得進款聚人之利，也令廣大華僑的期望值與江湖豪強的貪欲心同步增長，大大超過保皇會的負荷力。華僑以捐款將個人利害與祖國安危相聯繫，「其數雖微，然其望則厚」，視勤王成敗為民族存亡的關鍵。這種「捐錢則不能多，責望則極其大」[151]的局面，令保皇會勢成騎虎。梁啟超擔憂：「今海外之人，皆以此大事望我輩，信我輩之必成，而豈知按其實際，曾無一毫把握，將來何以謝天下哉？」「我若做事不成，猶有詞以謝彼。我若無事可做，更何面目復見江東父老乎？」[152]五月以前，華僑對勤王運動進展遲緩已有怨言，保皇會解釋道：「今所以遲遲未發手者，以籌款、選將二者皆極要，而款未甚備，將未得人，故將有所待也。」[153]趁機要求華僑羅致人才，募集鉅款。

六月以後，中外交戰，華僑更加迫不急待，「連日仰光、吉冷、暹羅、澳美信電交至，責望起兵勤王。」新加坡華僑捐款最多，期望最殷，「徐、力、黃、林急如星火，撫髀拍掌催促。」「謂經營兩年，糜十餘萬金，而至今大急之變，不能補救，並不能起。又言：若我今不起，外國代我立主，則與外國為難，更不能起矣。其言甚怒，於辦事諸人皆有微辭。」林文慶「至謂用弓矢亦可。」[154]一貫明達的丘菽

149 1900年4月29日《致雪兄書》，丁文江、趙豐田編：《梁啟超年譜長編》，第239頁。

150 1900年4月29日《致南海夫子大人書》，丁文江、趙豐田編：《梁啟超年譜長編》，第231頁。

151 1901年7月5日《康有為致譚張孝書》，《近代史資料》，總80號，1992年1月。

152 1900年3月13日《與夫子大人書》，丁文江、趙豐田編：《梁啟超年譜長編》，第199頁。

153 1900年5月19日《陳國鏞致譚張孝書》，《近代史資料》，總80號，1992年1月。

154 1900年6月24日《致辦事人書》，上海市文物保管委員會編：《康有為與保皇會》，第114-115頁。

園也「口口皆歎太失機、太持重也。」甚至懷疑其「多費而無成
也」，脫口說出：「恐再要十萬尚未能起」這樣「極難聞」的責語，並
將已撥出的五萬元扣下二萬。

康有為擔心再不舉事，華僑「或疑我等浪費干沒」，「人心漸散，
嘩謗大起。」但倉促行動，「又慮條理未備，而不能妄起。」為了擺
脫窘境，他一面謊稱廣西容縣會黨暴動是保皇會舉事，「但不令打勤
旗，今已電令改插勤旗」，搪塞一時，哄騙丘菽園匯出餘款，一面指
示各路人馬「總以速為主」，「不妨冒險」。「故在西起，雖敗猶勝，以
可得人心，又可籌餉也。」[155]「若能起，島更高興，尚可多出，則外
埠踴躍，源源而來。」[156]關乎民族興衰存亡的勤王大業，開始蛻變為
招財進寶的障眼戲法。唐才常「徒以保皇會內外各人迫逼而舉事，其
時亦極多攻者，若不死亦見疑耳，今死後乃多稱之。」[157]事後保皇會
承認：「唐死，由日日接電催促起事，然實布置未周也。」[158]兩廣更
加準備不足，連孤注一擲的本錢也沒有，只能徒歎奈何。

保皇會盲目張大聲勢，堅持數路大舉，又不肯與他人合作，且急
於發動，只好走捷徑圖僥倖，實行「散款招夥」之策，「意在收羅豪
傑，自不能無所濫竽，拔十得五，千金市駿馬之骨，是亦不得已之
事。」除心腹死士外，還要「旁收偏裨，以備牽應，或雖未深信，而
不得不羈縻用之，免資敵致禍。」[159]結果「雜進群才」，「愈益濫

155 1900年6月27日《致葉湘南書》，上海市文物保管委員會編：《康有為與保皇會》，
　　第137頁。徐為徐亮銓，黃為黃乃裳，林為林文慶。力，原以為秦力山，誤，應為
　　新加坡華僑力鈞。

156 1900年6月24日《致辦事人書》，上海市文物保管委員會編：《康有為與保皇會》，
　　第114-115頁。

157 《康有為致丘菽園書》，杜邁之、劉泱泱、李龍如輯：《自立會史料集》，第330頁。

158 丁文江、趙豐田編：《梁啟超年譜長編》第332頁，原初稿批註。

159 《康有為致丘菽園書》，杜邁之、劉泱泱、李龍如輯：《自立會史料集》，第330-332
　　頁。

支」。到六月報帳時，「所開各人數，實堪駭異。」[160]實際收到的海外捐款十萬元已用去八萬。康有為不得不下令「盡購貨不招夥」，「不須預招」，使「神不外散」。並改變前此「曲體人情，不必盡責高義」[161]，補貼辦事人小費家用的做法，緊縮開支。

七月，各路人馬將起，紛紛催請餉械，保皇會支絀異常。康有為以「大事為雜款所累，竟不能舉，失時失機。散漫不節甚矣」，進一步明確指示總局將所存九萬元以七萬購械，二萬運動，並且「定束水刮沙之法，汰無要之款，以專濟赴機之用，一切截止各事，亦截止各款」，辦事人「但支月費」，「專辦一事之人支二十金，書札奔走之人支十金。」[162]然而，因攤子鋪得過大，雖然「名出二三十萬，而存款常乏，皆有餉無現款，皆應急而發，備左支右，備右支左，得前失後，後者未足，前者已盡，故空費極多」，根本無力兼顧長江。到十一月，「大局雖未全失，然餉源實匱」，[163]只得停辦「累餉最大」[164]的粵局，以節糜費。

資財耗盡，一事無成，當時事後各方面紛紛猜測指責康門師徒中飽舞弊。康有為顧及派別私利，不敢直言相告，其自相矛盾的種種辯解推諉，反而加重了人們的疑心，坐實這一椿公案。其實，保皇會或有挪用部分款項於不急之務，如辦學校、書局、報刊、公司等，軍情緊迫之際，梁啟超曾以在港辦鐵器公司為名，倡議從檀香山、香港、

---

160　《致徐勤書》，上海市文物保管委員會編：《康有為與保皇會》，第105頁。

161　1900年6月2日《致徐勤等書》、1900年6月5日《致徐勤等書》，上海市文物保管委員會編：《康有為與保皇會》，第98-102頁。

162　《致辦事諸子書》，上海市文物保管委員會編：《康有為與保皇會》，第154頁。

163　《康有為致丘菽園書》，杜邁之、劉泱泱、李龍如輯：《自立會史料集》，第331-333頁。

164　《康有為致丘菽園書》，轉引自《自立軍起義前後的孫康關係及其他》，《近代史研究》1992年第2期。

新加坡「集股二十萬」，稱「此事乃兩便之道，以生意而論，亦不壞。而藉以助我正事，為香港聚集同志之地，尤大便也。」[165]對勤王大計如此三心二意，不免自私自利之嫌。但保皇會款絀的主要原因在於虛靡太甚，「空費極多」。

該會原計劃籌款百萬，實際到手三十餘萬。截至六月底，除丘菽園的十二萬外，[166]各地捐款匯到香港的僅五萬五千。海外募捐，往往認捐快而繳款慢，費用又高。康有為曾抱怨道：「計檀山及南中各埠可得廿餘萬，惟皆未交（今一切全藉邱力，可以此動大眾）。美埠甚多，何所得之區區乎？」[167]梁啟超在檀香山籌款八、九萬，到六月中旬，實際收集的不過四萬，寄往港澳和日本的只有二萬。鑒於「似此尺進寸退，終不能成大事」，[168]梁啟超以二萬金委託美國人赫欽到紐約辦理千萬元的巨額借貸，並以此為大舉成功的希望。他一再函告康有為、丘菽園、唐才常、梁炳光和澳門總局，建議等到八月借款事成再行發動。然而，款未到手，二萬本金也付諸東流。平心而論，康有為的辯解雖暗藏損人利己之心，關於捐款用途的說明則大體屬實。

康門師徒是論學才子而非辦事能人，他們知道「當亂世終非挾兵力不可立也」[169]，也懂得「凡辦事與談道不同，談道貴陽，而辦事貴陰，況兵者詭道乎！從草澤而與朝廷抗，又陰之陰者。」[170]但行動起

---

165 1900年4月23日《致南海夫子大人書》，丁文江、趙豐田編：《梁啟超年譜長編》，第229頁。

166 先捐十萬，三萬付給唐才常，七萬陸續匯往澳門總局。後又捐五萬。

167 1900年6月27日《康有為致譚張孝書》，《近代史資料》，總80號，1992年1月。

168 1900年4月5日《與湘孺兩兄書》，丁文江、趙豐田編：《梁啟超年譜長編》，第215頁。

169 1900年10月17日《與同薇同璧書》，上海市文物保管委員會編：《康有為與保皇會》，第187頁。

170 1900年6月27日《致徐勤書》（二），上海市文物保管委員會編：《康有為與保皇會》，第134頁。

來卻力不從心，先定大而無當的計劃，繼以浮而不實的籌備，以同門人辦天下事，結果四處碰壁，焦頭爛額。丘菽園斷然宣稱：「文筆之徒不足與相語，竟與康有為、梁啟超絕交。」[171]相比之下，興中會人少財乏，而惠州起義從籌畫組織到指揮行動，卻要嚴密有效得多。這種由地位、經歷、社會交往等因素綜合而成的能力差異，對今後各自的走向不無影響。康有為表示：經此一役，「自後不敢言兵」，不僅是害怕流血犧牲，痛惻於「株連死者無算」[172]的慘狀，更重要的是絕望於保皇會的軍事能力，言兵無異於送死。他們並非根本反對動武，而是擔心玩火自焚。倒是徐勤說得坦白：「若欲起事，必不能成，故亦無容議及。」[173]從此，保皇會除以金錢收買死士密謀暗殺外，將光緒復辟付諸卦象，以「待時聽天」，「坐待復辟」[174]自欺欺人。

　　不過，海外華僑並不因此而見諒保皇會。庚子後，徐勤每到各埠詢問華僑：「皇上不復位，則如何？則必應之曰：求自立。欲保救皇上，則如之何，則必應之曰：起兵。」「若云起兵不可，自立不可，則人必曰：開會何用，又何必籌款乎！」[175]為了穩固財源聲勢，保皇會開始自覺地以勤王名義為謀財手段。澳門總局停辦後，海外保皇會員人心浮動，康有為狡辯道：「澳局因各省委員常駐窺探，連捉吾黨，屢泄事機，故我陽命暫停，並《知新報》館亦行停罷，此實不得已苦極之事。自外視停罷之後，乃再行密開。凡此辦事進退機宜，皆不能告人，汝密知之以解眾疑可也。」「故有人凡言澳事者，皆勿

---

171　田野桔次：《最近支那革命運動》，第7章，《南清之革命運動》。

172　《唐烈士才常墓誌銘》，杜邁之、劉泱泱、李龍如輯：《自立會史料集》，第221頁。

173　1903年10月26日《徐勤致康有為書》，上海市文物保管委員會編：《康有為與保皇會》，第231頁。

174　《徐勤致康有為書》，上海市文物保管委員會編：《康有為與保皇會》，第201頁。

175　1903年11月18日《與夫子大人書》，丁文江、趙豐田編：《梁啟超年譜長編》，第333頁。

信，但言因被委員被洩密掩可也。」康出此謊言，目的在於同丘菽園爭奪捐款。他通告各埠：「近來各事皆在庇能我親主持，澳局停與不停無關也。且可告各埠，言內地辦事之難，死人之多，事機之甚，令各埠釋然。此後匯款通信，可直匯來庇能交我親收可也。」[176]

一九○一年初，美洲華僑回應荷馬李的倡議，企圖大集各埠精英歸國舉義，康有為堅決反對，認為：「假若紛召各埠，則所捐得之款，尚不足養各埠議事之人，況言辦事乎？」荷馬李的建議當然不足取，問題是康有為已經放棄了勤王計劃，不是從軍事的成敗來考慮，而是以利益的得失為權衡，勤王只是幌子，斂錢才是目的。為此，他提出「開新埠，籌新款」的方針，要求「今日務以開新埠為主，必開新埠乃可有款，若舊埠則雖蘇、張之舌無能為也，徒生是非耳。」[177]此舉用意，無非是舊埠已生戒心，且力已用盡，新埠則易於行詐，以防洩露天機。

一九○二年廣西會黨起義，張智若等人前往龍州、南寧與其首領聯絡。康有為、徐勤既不贊同，也不相信有成功希望，但鑒於「言西事，各埠皆欣喜，散島會友每人捐一月工銀，即□言西事得來。若禁言西事，而日詡復辟，令人冷齒而灰心也。」「今若不言自立，不言西省之事，則實無從下手運動。」[178]因而未加阻攔。梁啟超雖認為「苟非有兵力，亦安所得行其所志」[179]，繼續支持張智若、羅孝通等入桂起事，可是急切間難以再舉，也借辦學名義遮掩，「免使外人謂我一事不辦，謗為棍騙也。」[180]

176 1901年7月5日《康有為致譚張孝書》，《近代史資料》，總80號，1992年1月。

177 1901年7月5日《康有為致譚張孝書》，《近代史資料》，總80號，1992年1月。

178 《徐勤致康有為書》，上海市文物保管委員會編：《康有為與保皇會》，第201-202頁。

179 1903年11月18日《與夫子大人書》，丁文江、趙豐田編：《梁啟超年譜長編》，第333頁。

180 1903年9月1日《與穗田二兄書》，丁文江、趙豐田編：《梁啟超年譜長編》，第324頁。

　　勤王軍興之際，已有人懷疑保皇會「依於救支那帝國計其隆盛之名義，以募集數十萬圓之寄附金（寄贈金也），於支那之政治改革毫無所用，而但為自己等之贅澤（贅澤即驕奢也），或為旅行費，彼等之所作幾於詐偽。」[181]後港滬各報更「謂保記款若干十萬，盡為某某吞噬者，日日以吸國民之血，吮國民之膏相詬詈。」各埠保皇會員「亦日相與竊竊私議。」梁啟超因「未能做成一二實事」，不得不「直受之」，「恨不得速求一死所，轟轟烈烈做一鬼雄，以雪此恥。」[182]康有為則一意孤行。無怪乎與保皇派關係極深的田野桔次慨歎道：「康等在北京政變以前，為非常之精神家。至其亡命，而其人格同時墮落焉。」「嗚呼！康梁及今不改，到底不能免為東亞之亡國蟲！」[183]

---

181　田野桔次：《最近支那革命運動》第7章，《南清之革命運動》。贅澤即驕奢之意。

182　1903年11月18日《與夫子大人書》，丁文江、趙豐田編：《梁啟超年譜長編》，第332頁。

183　田野桔次：《最近支那革命運動》第7章。

第三章

# 勤王運動中各政治團體的關係

　　勤王失利，康有為將保皇會無功鎩羽歸罪於汪康年、孫中山。他對丘菽園說：「自漢事一敗，百凡墜裂，尚有惠事相牽誣，致敗乃公事。嗚呼！汪、孫之罪，真中國孟賊也。」[1]這類別有用心的攻訐牽連出一個聚訟紛紜的重要問題，即勤王運動中趨新各派的關係。受事後回憶的誤導，以往過分強調革命與保皇的對立，將興中會以外各種革新勢力的活動都視為保皇會所統轄經營。其實，從當時的具體情況出發，仔細分析各派的政略與關係，這種認識便大有改觀。

## 一　聯合共識

　　庚子風雲際會，對戊戌後政局早已深懷不滿的趨新勢力趁機紛紛躍起。經元善的一番話，表達了他們的共同心聲：「堂堂中國政府，惑邪啟釁，無事自擾，以至宗社為墟，此上下五千年歷史所未有，逆藩權奸之肉，其足食乎。此後欲望支那自立圖存，全在國民聯群一志，並膽同心。捨此外，無可救藥之仙丹。」[2]至此，甲午以來興起的民間救亡運動將清政府從寄望對象中剔除，以孫中山、康有為、梁啟超、唐才常、林圭、汪康年等人為軸心，圍繞興中會、保皇會、正

---

1　《康有為致丘菽園書》，見湯志鈞《自立軍前後的孫康關係及其他》，《近代史研究》，1992年第2期。

2　上海圖書館編：《汪康年師友書札》（三），第2429頁。

氣會、自立會及中國議會，形成宗旨、淵源相互交錯的派系，在反清變政共識與政見利益分歧的交相作用下，結成既合作共事又角逐爭雄的複雜關係。

正如自立軍不是保皇會勤王的主力正軍一樣，自立會也不是保皇會的政治附庸。縱觀當時中國政局，以唐才常為代表的長江趨新勢力處於反清聯合陣營的中樞地位。唐不僅首先提出長江、珠江並舉計劃，主張大合維新各派，而且廣泛結納湘鄂江淮乃至川豫皖贛的維新志士與會黨豪強，在革命與保皇兩派之外自成一大「革政」勢力。保皇會視長江為呼應偏師，唐才常則不自甘偏裨，他在政治上呼籲各派求同存異，組織上堅持聯合共舉，因而能夠獨樹一幟，贏得普遍支持。正氣會、自立會的宗旨與辦事方略，既反映出它們外受興中、保皇兩會的牽制影響，內有政見分歧的派別個人，又表達了革新志士的普遍共識。以勤王求自立與民政，是一個能夠最大限度凝聚革新勢力的政綱。唐才常勸說「孫康兩派，亟宜犧牲小異，同力合作，如保皇或排滿名詞，皆可摒棄」[3]，的確是時勢所趨，不應僅僅從革命與保皇兩極對立的是非來評價指謫，而要認真考慮其合理性與現實性，特別是促成聯合大舉的積極作用。

唐才常等以勤王名義號召團聚趨新反抗勢力，而以變帝制為民政為政治目標，準備舉光緒為總統甚至另選他人，明顯具有反清和反對皇權的意向，既不同於康有為的保皇擁帝，也有異於孫中山的排滿革命。推翻後黨專權，正是其救亡圖存，革新變政的首要一步。而欲達此目的，「必大合而後能辦妥。」[4]這與當時多數革新志士的想法不謀

---

3 唐才質：《自立會庚子革命記》，杜邁之、劉泱泱、李龍如輯：《自立會史料集》，第67頁。

4 1900年1月26日《林圭致孫中山代表容星橋書》，杜邁之、劉泱泱、李龍如輯：《自立會史料集》，第322-323頁。

而合。汪康年一派的夏曾佑認為：只要憲法上規定，「凡滿人所得之權利，漢人均能得之」[5]，便可以填平革命、革政兩派的政治鴻溝，達到聯合對清的目的。唐才常的大合方略，組織上體現為外聯保皇、興中兩會，使之援助長江舉義及連袂響應於兩廣，內聚長江各地的反清革新力量，促使政見策略千差萬別的派別個人攜手共事。後人看來自相矛盾的宗旨，不僅構成正氣、自立會內部各派合作的基礎，而且贏得孫中山、梁啟超對其中樞地位的承認與支持。

對於聯合大舉，革保雙方的態度並非截然對立。一貫靈活務實的孫中山始終態度積極。他從來主張「聯絡四方賢才志士」[6]，早在一八九五年籌畫廣州起義時，就努力爭取維新派的支持，邀請康梁及陳千秋等加入農學會。一八九七年從歐美返回日本後，又主動函邀梁啟超赴日「同商大事」，並設法了解經康有為首肯的「中國群賢之公意。」[7]陳少白、區鳳墀等也與康派的何樹齡、張玉濤等有交。後者認為：內有康而外有孫，「中國之事，還不能說是毫無希望。」[8]儘管百日維新之際康有為翻臉無情，但戊戌政變後孫中山仍幾次登門拜訪。通過畢永年的介紹，首先實現與湖南維新派的合作。[9]在其部署下，畢永年聯絡湘鄂會黨，容星橋專辦湘漢事務，史堅如再度深入長江，興漢會系統對自立軍的影響，遠比以往的認識要深入持久。基於

5　1900年6月22日《夏曾佑來書》，上海圖書館編：《汪康年師友書札》（二），第1363-1364頁。

6　廣東省社會科學院歷史研究室、中國社會科學院近代史研究所中華民國史研究室、中山大學歷史系孫中山研究室合編：《孫中山全集》，第1卷，第22頁。

7　廣東省社會科學院歷史研究室、中國社會科學院近代史研究所中華民國史研究室、中山大學歷史系孫中山研究室合編：《孫中山全集》，第1卷，第179-180頁。

8　宮崎滔天著，佚名初譯，林啟彥改譯、注釋：《三十三年之夢》，第114頁。

9　謝纘泰著，江煦棠、馬頌明譯：《中華民國革命秘史》，中國人民政治協商會議廣東省委員會文史資料研究委員會編：《廣東文史資料・孫中山與辛亥革命專輯》，第302頁。

聯合大舉共識，他又與梁啟超等人頻繁交往，幾乎達到聯合組黨的程度，甚至表示：「倘康有為能皈依革命真理，廢棄保皇成見，不獨兩黨可以聯合救國，我更可以使各同志奉為首領。」[10]

孫中山爭取維新派的努力，是其擴展革命活動計劃的組織保障。他還以興漢會總會長的身份出席梁啟超為林圭舉行的餞別會，以示聲援。雖然他譴責梁啟超到檀香山後專心組織保皇會是「失信背約」[11]，但又接受了後者「借勤王以興民政」的建議，同意聯合陣營使用這一旗號，即不再以皈依革命作為合作的先決條件。論據之一，儘管他深知康有為態度頑固，彼此宗旨分歧，還是遠赴南洋，「希望與他磋商，為我們共同路線上的聯合行動作出安排」[12]，勸其勿「以區區小事而分立」，趁此良機，「實行大同團結，共同行動」。[13]這顯然與所謂一九〇〇年四月孫中山接到梁啟超的勸說信後，便從此打消與保皇會合作念頭的論點相反。孫以必要的讓步妥協促成和維繫合作局面。南下香港之際，他還託平山周與港澳保皇會員接洽，聲稱：如事不成，「由他自行其是，吾行吾人之事可也。」新加坡之行受挫，孫中山基本打消對康有為本人的寄望，卻未放棄與維新派合作的想法，認為：「大概除了康黨以外，都能夠結成一體。」[14]

孫中山爭取維新派，除支持聯合大舉外，還想藉以取得財政援助，增加政治籌碼和選擇機會。八月中旬，廣東經略受挫，興中會的財政又再陷困境，孫中山「心中對南方之事似早已感到絕望，想親自

---

10 馮自由：《革命逸史》，初集，第74頁。

11 馮自由：《革命逸史》，初集，第16頁。

12 廣東省社會科學院歷史研究室、中國社會科學院近代史研究所中華民國史研究室、中山大學歷史系孫中山研究室合編：《孫中山全集》，第1卷，第195頁。

13 明治三十三年七月二十一日福岡縣知事深野一三致青木外相，高秘第770號。

14 廣東省社會科學院歷史研究室、中國社會科學院近代史研究所中華民國史研究室、中山大學歷史系孫中山研究室合編：《孫中山全集》，第1卷，第191、196卷。

在中央地區掀起波瀾。」[15]他與歸國參加長江起義的梁啟超協調行動，決定暫停廣東軍事，親赴上海。臨行前他發表談話說：「在中國的政治改革派的力量中，儘管分成多派，但我相信今天由於歷史的進展和一些感情因素，照理不致爭執不休，而可設法將各派很好地聯成一體。」甚至對一度感到絕望的康有為也改變看法，認為：「對國內的李鴻章等各總督以及康有為一派也應重視，暗中聯絡。」雖然他聲稱：此行「不抱任何危險激烈的企圖，而是考慮始終採取溫和的手段和方法。」[16]但實際上，其不惜犯險歸國，最主要目的應是踐梁啟超前約，與之「握手共入中原」，以期「大助內地諸豪一舉而成。」[17]與此相應，興中會廣東分會負責人、列名富有山堂副龍頭的王質甫於八月上旬與唐才常同船趕赴漢口，而容星橋則全力相助。如果沒有統一布署，行動上很難如此配合默契。從某種意義上說，自立軍是興中會參與發動的反清起義。自立軍失敗後，興中會繼續尋求保皇會的合作與支持。惠州起義前，港澳興中會員還不斷前往《知新報》館，爭取保皇會澳門總局的援助。[18]

　　當然，孫中山及興中會並不隱諱反滿立場，惠州起義時，還有意通過傳播媒介公布本派宗旨。香港《孖剌西報》刊登一封廣東歸善縣來函，內稱：「某等並非團黨，乃大政治家、大會黨耳，即所謂義興會、天地會、三合會也。我等在家在外之華人，俱發誓驅逐滿洲政府，獨立民權政體。」[19]但也不應低估孫中山策略的靈活性。為了解

---

15 宮崎滔天著，佚名初譯，林啟彥改譯、注釋：《三十三年之夢》，第218頁。

16 廣東省社會科學院歷史研究室、中國社會科學院近代史研究所中華民國史研究室、中山大學歷史系孫中山研究室合編：《孫中山全集》，第1卷，第198-199頁。

17 1900年4月28日《致孫逸仙書》，丁文江、趙豐田編：《梁啟超年譜長編》，第258頁。

18 松岡好一：《康孫兩黨之近情》，《東亞同文會第十三回報告》，明治三十三年十二月。

19 《廣東惠州亂事記》，《中國旬報》第27冊，1900年10月27日。陳春生《庚子惠州起義記》文字稍異。《清議報》第62冊從香港西字日報轉譯此函，則作「本會首並副會首等誓滅滿洲，重立新君，以興中國。」

決財政危機，他甚至不惜與李鴻章虛與委蛇，詐取安撫費，又親自介入兩廣獨立計劃，先舉李鴻章為主政，繼聽劉學詢稱帝王，除排滿外，比梁啟超的主張更為後退。如果堅持不肯因時變通，非但不足以顯示原則的堅定，反倒有種族狹隘之嫌了。孫中山的恰當選擇，不僅推動了聯合反清事業，而且使保皇會相形孤立，為庚子後局勢朝著有利於革命派的方向發展創造了條件。

保皇會中梁啟超在聯合大舉方面與唐才常共鳴最多，他力排眾議，不斷呼籲門戶之見甚深的本派同人切實支持長江行動。他主持的檀香山籌款因清領事的阻撓遲遲未能收集，為此，他一再函告澳門總局：「伯忠在滬至為關鍵，此間款又尚未能接濟之，如有急需，尊處想必能應手」，希望同門能夠「不分畛域」。[20] 由於保皇會的勤王戰略以兩廣為重心，長江方面財政上很難分得一杯羹。正是考慮到「今日最急者轉餉之事，而此涓滴之數，實〔難〕遍資各路」[21]，他才孤注一擲，託人向美商大筆借貸，並分別致函康有為、唐才常和孫中山，勸各派「不可輕於一擲」[22]，待其借款到手，再同時發動，以求必勝。但又擔心「氣機已逼，不可能挫其一鼓之勇，貽悔將來」，讓唐才常「與諸豪隨時行事。」[23] 繼而鑒於「我輩與賊黨今日既已成短兵相接之勢，想亦已待無可待」，對唐的「速發之議」亦表「附和」。[24]

梁啟超的籌款計劃和用兵方略並無過人之處，只是由此表現出來的對長江方面合作大舉的真切關懷，在草堂師徒中確屬難能可貴。漢口起事前，唐才常向康有為要求：「起義時為領袖者必須身入軍中以

---

20 1900年4月13日《致總局諸兄書》，丁文江、趙豐田編：《梁啟超年譜長編》，第224頁。
21 1900年4月29日《致星州先生書》，丁文江、趙豐田編：《梁啟超年譜長編》，第240頁。
22 1900年4月4日《與忠雅兩兄書》，丁文江、趙豐田編：《梁啟超年譜長編》，第213頁。
23 1900年4月12日《致忠雅兩兄書》，丁文江、趙豐田編：《梁啟超年譜長編》，第222頁。
24 1900年4月20日《致忠雅兩兄書》，丁文江、趙豐田編：《梁啟超年譜長編》，第224頁。

資鼓勵」[25]，梁啟超聞訊立即啟程歸國，可惜抵滬次日，漢口敗耗已至，只能著手於營救善後之事了。

在合作大舉的戰略框架內，梁啟超對於同革命黨聯合也顯示出濃厚興趣。由於孫中山的地位影響不斷上升，像康有為那樣拒孫聯楊（衢雲），無法達成組織聯合。康排孫的理由之一，是指其「輕率魯莽」，「要毀壞一切」，而他主張「和平革命」[26]；後來則擔心與「著名欽犯」交往，有損於忠臣的形象。[27]這些對於梁啟超並不構成障礙。梁在湖南辦時務學堂時，見「草茅有志之士，多主革命之說，其勢甚盛」，於是「亦主張斯義，因朝局無可為，不得不倡之於下也。」以後他雖認光緒是「大有為之君」[28]而棄革擁帝，又藉重保皇防止瓜分割據，但變法流血的刺激令其對主張反清革命的孫中山「異常傾倒，大有相見恨晚之慨」[29]，積極回應孫的聯合呼籲，甚至表示聯合後讓康有為「閉門著書」。[30]歐榘甲、梁子剛、張智若、羅伯雅等也齊聲附和。

一八九九年三月康有為離開日本後，梁啟超更加活躍。三月二十八日，他即覆函謝纘泰，對前此進展遲緩的聯合與合作事宜表示贊同。[31]在其主導下，保皇派與興中會的交往日趨頻繁，合作之事進展

---

25 丁文江、趙豐田編：《梁啟超年譜長編》，第245頁，梁仲策注。

26 謝纘泰著，江煦棠、馬頌明譯：《中華民國革命秘史》，中國人民政治協商會議廣東省委員會文史資料研究委員會編：《廣東文史資料・孫中山與辛亥革命專輯》，第298-299頁。

27 1904年12月3日《大陸》雜誌第二年第九號所刊《欽差大臣》記：康到日本後，「孫三次造訪，康皆拒不見。後孫之友某日人與康筆談，偶及拒孫之故，康曰：『我是欽差大臣，他是著名欽犯，不便與見。』」

28 《梁啟超與志賀重昂筆談記錄》，《光明日報》1959年7月9日。

29 馮自由：《革命逸史》，第2集，第28頁。

30 陳少白：《興中會革命史要》，中國史學會編：《中國近代史資料叢刊・辛亥革命》（一），第59頁。

31 謝纘泰著，江煦棠、馬頌明譯：《中華民國革命秘史》，中國人民政治協商會議廣東省

順利。[32]雙方甚至一度進入共同組黨階段。

關於梁啟超與孫合作誠意的真偽，頗具爭議。一要考慮梁的一貫宗旨與策略，二要從他與孫中山、康有為、唐才常等人的相互關係中測量定位，三要顧及其言行間距。還在日本時，他就告訴孫中山：「至於辦事宗旨，弟數年來，至今未嘗稍變，惟求國之獨立而已。若其方略，則隨時變通，但可以救我國民者，則傾心助之，初無成心也。」[33]到檀香山後，又再度聲明：「此來不無從權辦理之事。」[34]此後其全部言行，證明他的確奉行這一方針。他對康有為、孫中山均有所保留，而全心支持唐才常的長江聯合大舉。他不滿於康有為固執保皇成見，「言保皇會而謂嗤之以鼻」[35]；所辦《清議報》「亦始終不登保皇會文字」[36]；募集的款項遲遲不匯往澳門總局，以至康有為斥責

委員會文史資料研究委員會編：《廣東文史資料・孫中山與辛亥革命專輯》，第303頁。

32 據現有資料可證，梁啟超於一八九九年五月一日在東京與孫中山約晤（明治三十二年五月二日東京警視總監報乙秘第629號）；六月初在橫濱文經商店與楊衢雲會晤（謝纘泰著，江煦棠、馬頌明譯：《中華民國革命秘史》，中國人民政治協商會議廣東省委員會文史資料研究委員會編：《廣東文史資料・孫中山與辛亥革命專輯》，第303頁）；七月八日在橫濱和章炳麟等與孫中山會晤（參見拙文《孫中山生平活動史實補正：1895-1905年》，《中山大學學報論叢・孫中山研究論叢》第4集，1986年）；七月在東京上野精養軒與孫中山洽談行動方略，並到孫的寓所敘談（馮自由：《中華民國開國前革命史》上編，第44-46頁）；八月十一日與孫共同出席犬養毅在橫濱住吉町六丁目千歲樓為華商會議所爭執事舉行的調解會（明治三十二年八月十二日神奈川縣知事淺田德則致青木外相秘甲第380號）；是年秋，兩度函約孫中山，為之介紹周善培，並商一切事務（馮自由：《革命逸史》，初集，第64頁）。另據梁令嫻回憶，當時梁啟超多次與來訪的孫中山高聲辯論革命之道，各敘所見，狀至融洽（見羅剛《中華民國國父實錄》第1冊，第492頁）。

33 馮自由：《中華民國開國前革命史》上編，第44-45頁。

34 馮自由：《革命逸史》第6集，第14頁。

35 1900年6月27日《致徐勤書》（一），上海市文物保管委員會編：《康有為與保皇會》，第132-133頁。

36 1900年4月27日《致雪兄書》，丁文江、趙豐田編：《梁啟超年譜長編》，第238頁。

其「驕謬專橫已極」[37],「一切大事之誤,皆由之。」[38]並常常以梁為戒,教訓弟子,令其在保皇會中處於「先生督責備至,朋友之相責尤甚」[39]的孤立境地。

同時,梁啟超還接受共和主張,結納為言革而立的江島同盟,甚至要康有為息影林泉。對於光緒,則主張「將來革命成功之日,倘民心愛戴,亦可舉為總統。」[40]自立軍起義前,梁啟超歸國途經日本,可能與孫中山會晤過,「為孫有能力而無同志感到可惜。」起義失敗後,他仍表示:「目前兩廣的活動未與孫文一同進行,但將來有必要聯合行動。」[41]

當然,梁啟超組織上仍屬於保皇會,與興中會是合作而非皈依,又受師尊同門的牽制,需要顧及本派利益和地位。前此徐勤等因大同學校及《國聞報》所刊《中山樵傳》與孫中山、興中會結仇;橫濱華僑為大同學校職員選舉及華商會議所之爭,分成「孫逸仙」、「梁啟超」兩派,公開衝突,梁啟超一度因此與孫中山「蹤跡不得不疏」。[42]聯合之事為徐勤、麥孟華飛函告變,梁啟超被迫離日,臨行雖對孫中山矢言合做到底,但天平不知不覺倒向保皇會一邊。

此外,梁對孫中山「常作大言」之類的辦事風格不以為然,雙方平輩相交,既無師生之誼,又漸少欽佩之心,關係不免疏離。楊衢雲曾批評保皇派「太傲慢,妒忌我們這一班貫通中英的學者。他們不願

---

37 1900年6月27日《致徐勤等書》(一),上海市文物保管委員會編:《康有為與保皇會》,第132頁。

38 1900年6月5日《致徐勤等書》,上海市文物保管委員會編:《康有為與保皇會》,第101頁。

39 1900年4月27日《致雪兄書》,丁文江、趙豐田編:《梁啟超年譜長編》,第238頁。

40 馮自由:《革命逸史》,第2集,第29頁。

41 《井上雅二日記》,明治三十三年八月二十二日。承亞細亞大學容應萸博士指出中譯本的錯誤。

42 《梁啟超與犬養毅筆談》,湯志鈞:《乘桴新獲——從戊戌到辛亥》,第406頁。

意同我們平等相處，他們一心想控制我們，或者要我們服從他們。」[43]
孫中山也因而指責梁啟超「盈滿」、「狹隘」。[44]

到檀香山後，梁利用孫的關係，挖興中會的牆角，又催促港澳同門加緊籌備，與興中會爭奪廣東，以免「廣東一落其手，我輩更向何處發軔乎？」[45]並讓葉湘南派人暗察孫中山的調度計劃，辦事用人，也處處顧及是否有利於和興中會競爭。例如他以檀香山「保皇會得力之人大半皆行者舊黨，今雖熱而來歸，彼心以為吾黨之人才勢力，遠過於彼黨耳。」若一旦發現興中會「在港頗眾」，而保皇會辦事無人，「失意於吾黨而不分，返檀必為行者用。吾賠了夫人又折兵，徒使行將軍大笑，而回光鏡一度返照到檀，全域可以瓦解。」[46]因而堅持不派或少派檀島會員赴港。

儘管如此，總體上梁啟超並非單純為保皇會爭權奪利，而是維繫以長江為中心，以革政為目標的聯合大舉，這從他一九○○年四月分別致函康有為、孫中山一事可以證明。他一面不顧康「近日深惡痛絕民主政體」，直言萬一光緒「不能待我之救」即「已不諱」，「則所以處此之道」，[47]如何討賊立國，婉轉地表達了保皇以外的政治要求，一面又勸孫中山順應廢立之爭後保皇聲勢驟漲的時勢，暫棄排滿口號，「借勤王以興民政」，「草創既定，舉皇上為總統，兩者兼全，成事正易」。[48]他對康孫二人犯顏直諫，藉以表達的正是與唐才常相通的宗旨

43 謝纘泰著，江煦棠、馬頌明譯：《中華民國革命秘史》，中國人民政治協商會議廣東省委員會文史資料研究委員會編：《廣東文史資料・孫中山與辛亥革命專輯》，第303頁。
44 馮自由：《中華民國開國前革命史》上編，第44-45頁。
45 1900年3月13日《與夫子大人書》，丁文江、趙豐田編：《梁啟超年譜長編》，第201頁。
46 1900年4月29日《致南海夫子大人書》，丁文江、趙豐田編：《梁啟超年譜長編》，第233頁。
47 1900年4月12日《致南海夫子大人書》，第221頁。
48 1900年4月28日《致孫逸仙書》，丁文江、趙豐田編：《梁啟超年譜長編》，第258頁。

立場，力促兩會支持長江大舉，或保持行動上合拍。孫梁關係惡化，始於一九〇一年四月至六月孫中山再赴檀島，發覺當地興中會盡為保皇會奪占之後。但梁啟超前此所為並非存心行詐。一九〇二年，當孫梁交構，「意氣尚不能平」之際，章炳麟論及二人反目成仇的因由，有一番中肯的分析，他說：

> 任公曩日本以□□為志，中陷□□，近則本旨復露，特其會仍名□□耳。彼固知事無可為，而專以昌明文化自任。中山則急欲發難。然粵商性本馬鹿，牽制東西，惟人所命。公知□□，而彼輩惟知保皇，且亦不知保皇為何義，一經鎔鑄，永不能復化異形。中山欲以革命之名招之，必不可致，此其所以相攻擊如仇讎也。[49]

　　仔細品味，章氏仍然相信梁啟超確是借保皇之名行革命之實，只是僑商不能領悟其中奧妙，從此變異。壬寅癸卯間，梁繼續鼓吹「中國以討滿為最適宜之主義」，甚至不顧康有為嚴責，要與之「以愛國同歸而殊途，一致而百慮」[50]，實踐其抵檀之初對孫中山的承諾。可惜他終究未能擺脫保皇的框縛，旅美後更鼓吹君憲，與革命黨成冰炭水火。孫中山坐實其「名為保皇，實則革命」的欺騙性，認為：「康尚有坦白處，梁甚狡詐。」[51]其實，當年梁啟超縱無排滿革命真心，卻不乏反清變政實意。

---

49　1902年3月18日《致吳君遂等書》，湯志鈞編：《章太炎政論選集》，上冊，北京，中華書局，1977年版，第162-163頁。

50　1902年5月《與夫子大人書》，丁文江、趙豐田編：《梁啟超年譜長編》，第286-287頁。

51　廣東省社會科學院歷史研究室、中國社會科學院近代史研究所中華民國史研究室、中山大學歷史系孫中山研究室合編：《孫中山全集》，第1卷，第229頁。

　　對於聯合主張，保皇派宗師康有為態度最為頑固。他以革命黨為異己政敵，千方百計地劃清界限。早在一八九五年，他就拒絕孫中山加入農學會之請。戊戌驟得光緒恩寵，更擔心與革命黨交往於己不利，指示同黨與興中會斷絕往來，使兩派在橫濱、香港等地關係趨於緊張。亡走日本之際，又堅拒幾度來訪的孫中山於大門之外。甚至與孫中山有關之人亦在排斥之列。一八九八年九月，畢永年在北京向他引薦平山周、井上雅二等人，「康但欲見井上，而不願見平山，謂平山乃孫文黨也。」連畢永年也覺得「殊可笑矣」。[52]到日本後，他又因畢永年先訪孫中山而「頓起門戶之見，閉門不納。」[53]對門下弟子亦以此分親疏。梁啟超等與孫中山過從甚密，倍受猜忌指責，而羅普「以不與江島之盟，不倡狂言革，故長者獨信之愛之。」[54]新加坡疑獄給兩派活動均造成不利影響，康有為卻慶幸因此「益明我與彼之不相合」。[55]

　　唐才常、林圭等不僅與孫中山訂殊途同歸之約，而且與興中會員共事，又不滿於康黨的傲慢偏見，加上正氣、自立會宗旨和組織上的獨立姿態，康對此耿耿於懷，不能充分信任支持。參加自立會事的井上雅二感到，康「從來不注意得會眾之心」，只是「在兩廣聚集宗徒，嗾使唐景崧所部及三合會一派黨徒進行騷擾。」[56]自立軍失敗後，澳門總局斷然拒絕興中會的求援，康有為更深懷敵意，將保皇會因膽怯力弱而主動放棄在粵舉事說成是「惠事及焚撫署一事所牽致」，誣衊興中會故意破壞，「欲圖塞責，且以牽累吾黨」，並要求登

---

52　畢永年：《詭謀直紀》，湯志鈞：《乘桴新獲——從戊戌到辛亥》，第26頁。

53　民表：《畢永年傳》，杜邁之、劉泱泱、李龍如輯：《自立會史料集》，第229頁。

54　1903年4月1日《與勉兄書》，丁文江、趙豐田編：《梁啟超年譜長編》，第317頁。

55　1900年8月12日《與同薇書》，上海市文物保管委員會編：《康有為與保皇會》，第179頁。

56　井上雅二：《維新黨的失敗及其將來》，《東亞同文會第十一回報告》，明治三十三年十月。田野桔次據此寫成《最近支那革命運動》第一章第五節，內容有所增刪。

報聲明：「保皇與撲滿相反」，將「驚粵」罪責推給革命黨。[57]勤王運動偃旗息鼓，康不但詆毀革命黨，還指汪康年告密破壞自立軍，指長江行動妨礙兩廣，指梁子剛辦粵事牽制取桂，指統兵將帥費餉敗事，指華僑捐款少而期望切，指容閎、荷馬李等志大才疏。除草堂弟子外，幾乎一切同道舊友都在攻訐嫁禍之列。這般政治品行，使其眾叛親離，陷於孤立。

不過，康有為雖將用兵重心放在兩廣，對長江大舉未盡力支持，但也沒有用保皇會的宗旨方針強制干預，算是默認變政綱領與聯合方略。此外，康、孫矛盾也夾雜利害計較及人事糾葛。康不願以聲勢影響蒸蒸日上的孫中山作為合作對象，害怕因此喪失權力地位，卻一直與謝纘泰保持接觸，對其提出的「在維新工作中聯合與合作的主張」[58]表示贊同，洽談與楊衢雲聯合事宜。對於梁啟超提出的「萬一」憂慮，康有為也並非毫無考慮。他曾親口告訴加拿大保皇會骨幹葉恩：「上不能救，則必自立，且言求廣東自立。」[59]在其使用的電報密碼中，既嚴格區分「孫黨」、「我黨」，對興中會保持戒心，又有「一定於勤宗旨方易辦事」，「一定於革宗旨方易集事」的權宜選擇，[60]準備適時變換旗號。可惜康有為疑心過重，雙方缺乏溝通，加上孫中山介入了劉學詢的圖康密謀，[61]與李鴻章先後就廣東事宜所作種種交涉

---

57 《康有為致丘菽園書》，見《自立軍起義前後的孫康關係及其他》，《近代史研究》1992年第2期。

58 謝纘泰著，江煦棠、馬頌明譯：《中華民國革命秘史》，中國人民政治協商會議廣東省委員會文史資料研究委員會編：《廣東文史資料‧孫中山與辛亥革命專輯》，第303頁。

59 《徐勤致康有為書》，上海市文物保管委員會編：《康有為與保皇會》，第202頁。

60 上海市文物保管委員會編：《康有為與保皇會》，第548-553頁。

61 一八九九年七月至九月，劉學詢借考察商務之名赴日，與日本政府密商交康之事，其間曾與孫中山接觸。十一月，李鴻章、劉學詢有過利用孫中山誘捕康有為的計劃。至於孫如何回應，不得而知（李吉奎：《孫中山與劉學詢》，《孫中山研究論叢》第5集，1987年）。

又以劉為中介，更加深了彼此誤解，令康有為杯弓蛇影，兩派在日本、香港等地的衝突不斷升級擴大，最終導致公開決裂。

## 二　內部分歧

　　外部關係的錯綜複雜，使得長江聯合陣營內部分歧叢生。表現之一，以上海為基地的唐才常和以漢口為基地的林圭，與孫中山、康有為的關係親疏有別，前者主持的自立會「全由康派與唐才常相往來、相計劃而成立」[62]，後者統帥的自立軍，則主要因襲與漢會而來。長江流域計劃，原不限於湘鄂，除安慶、蕪湖、銅陵外，由於辜人傑移防南京，以及淮陽鹽梟徐懷禮來附，唐才常等又將勢力擴展到南京、鎮江、揚州，甚至一度有借徐懷禮虎威，以虎軍為正兵之意。[63]以後才確定由狄平負責下游，唐才常統軍漢口。由於徐反覆無常，臨陣變節，江寧楊金龍等又因劉坤一復出以及清政府改變排外國策而按兵不動，[64]漢口才成為自立會勤王正軍。

　　唐才常名義上是自立軍統領，但主要活動於上海，從事聯絡與籌款，除幾次短期赴漢外，一般靠函電遙控。直到起義在即，才於八月九日從上海匆匆趕赴漢口。真正執自立軍牛耳者為林圭。[65]他自一八九九年十一月赴湘不果，改到漢口尋求發展，在畢永年、容星橋等協

---

62　井上雅二：《維新黨的失敗及其將來》，《東亞同文會第十一回報告》。

63　一九〇〇年梁啟超致函唐才常、狄葆賢，謂：「若用虎威，兩公入虎穴與否，是一大問題。」「楊（鴻鈞）、李（雲彪）與虎相合否？能團成一軍否？兄意如欲以某軍為正兵，則宜入某軍。」（丁文江、趙豐田編：《梁啟超年譜長編》，第224頁。）

64　一九〇〇年七月二十二日，清廷發布上諭，令劉坤一、張之洞等保護外國在華商民教士，以謀和解，得到地方官吏的支持，長江沿岸湘軍將領紛紛改變初衷，重新效忠朝廷（《井上雅二日記》，明治三十三年八月一日）。

65　井上雅二：《維新黨的失敗及其將來》。

助下，創辦「義群公司」，通過興漢會的關係，與湘鄂會黨建立聯繫。秦力山稱：「吾謂庚子長江流域革命運動大舞臺為林氏一人所築，而其他各人無非備數者」[66]。就自立會而論，此言不無道理。可是林圭看來，漢口之謀由「安兄會中峰於東而定議」[67]，視「本公司」與興漢會如出一脈，行動方略及人事安排，均向孫中山彙報協商。儘管湘鄂會黨首領被離間於前，畢永年出家於後，興中會對這一地區的控制力有所削弱，但興漢會影響始終保持。而且林圭仍傾向反清革命，每與來訪者「縱談自由平等共和之說，悲滿清之暴政，說革命之急潮，其意氣甚激昂也。」[68]所以，秦力山後來特意「為林氏呼冤而告我國民曰：林之目的與唐異。唐崇拜康，林崇拜公理。唐為帝黨，林為民黨。唐主立憲，林主共和。然以唐見信於康，林苟欲以間接見信於康而得其接濟，則勢不得不枉己以從人。其實林無時無刻不欲出唐之範圍外……。唐於會中，幾激成內訌，林又起而調和之。」[69]

　　協助林圭的秦力山、戢元丞等據說也與孫中山訂有合作之約。他們不滿於唐才常過分依賴保皇會，但或有仰仗其財政接濟之需，或認為政見分歧無關宏旨，[70]沒有公開反對。這些「隱沒宗旨以遷就其手段」[71]的勤王軍將的存在，也是孫中山將漢口自立軍視同己出的重要原因。

---

66　民表：《林錫圭傳》，杜邁之、劉泱泱、李龍如輯：《自立會史料集》，第232-233頁。

67　《林圭致孫中山代表容星橋書》，杜邁之、劉泱泱、李龍如輯：《自立會史料集》，第321-322頁。

68　田野桔次：《最近支那革命運動》，第1章，《哥老會巨魁唐才常》。

69　民表：《林錫圭傳》，杜邁之、劉泱泱、李龍如輯：《自立會史料集》，第232頁。

70　如沈藎對「文字小道，尤不屑厝意，無論若何方面，吾惟以可達吾目的者是用。」（黃中黃：《沈藎》，中國史學會編：《中國近代史資料叢刊・辛亥革命》（一），第289頁。）

71　黃中黃：《沈藎》，中國史學會編：《中國近代史資料叢刊・辛亥革命》（一），第295頁。

　　分歧的表現之二，是唐才常與汪康年的明爭暗鬥。關於正氣會、自立會與中國議會的聯繫與區別，一直語焉不詳。早在一九〇一年四月二十三日，夏曾佑致函汪康年已談及此事：「今日至難處之事，乃上之人不能分新黨之派別，以自立會混之國會，又以愛國會混之自立會，轉展相牽，葛藤何已。然亦何怪其然，立會之地同，入會之人亦半同，何怪不並為一談也。此宜作文一篇，表明新黨有若干派，各派之政策若何，則界限明矣。竊意此時是政黨萌芽之時，故涇渭未分，將來必各各分別不自諱，如東西各國之政黨者也。」[72]而釐清三會關係的關鍵，正是分剖析唐汪矛盾。

　　正氣會成立於一八九九年十二月二十二至二十五日間，次年五月唐才常等醞釀改組，並打出自立會旗號辦事。七月底中國議會成立後，正式立會。[73]另立自立會，主要目的是「聯絡長江一帶兵官及哥老會等而利用之」[74]，八月井上雅二到江寧活動時，即以中國議會名義聯絡官紳，以自立會名義聯絡清軍將領和會黨頭目。[75]同時也是為了避開派系糾紛。在正氣會和中國議會中，以汪康年為首的江浙派起著重要作用，而自立會則完全排開汪派。因為「汪與唐心中互不合拍。唐認為汪不可信賴，而汪認為唐有野心。」[76]雙方存在嚴重隔閡。

　　正氣會由兩部分人組成，一是哥老會首領張堯卿、辜人傑等，一

---

72 上海圖書館編：《汪康年師友書札》（二），第1378頁。

73 關於正氣會的成立時間及主要成員，胡珠生據《宋恕日記》提出新論，惜誤解頗多，詳見拙文《興漢會的前因後果》，《孫中山研究論叢》，第9集。關於自立會的成立，一九〇〇年六月六日梁啟超致狄葆賢函謂：「來函所論甚當，吾輩宗旨既專在救國會名既已定，改為自立甚好。」（丁文江、趙豐田編：《梁啟超年譜長編》，第245頁）另據井上雅二日記明治三十三年七月三十、三十一日記：「唐還打算設立中國自立會。」「唐才常一派的計劃，建立中國自立會。」

74 井上雅二：《維新黨的失敗及其將來》。

75 《井上雅二日記》，明治三十三年八月十八日。

76 《井上雅二日記》，明治三十三年七月三十一日、八月一日。

是革新派人士周善培（孝懷）、汪康年、丁惠康、葉瀚（浩吾）等。
雖然幹事長、事務員分別由湘籍的唐才常和沈藎擔任，但最具實力的
還是汪康年等江浙人士。他們在上海活動既久，交遊又廣，彼此間有
著同鄉、同僚、同窗、親友、故舊等多重社會紐帶，結成連環相扣的
大網，不僅影響左右滬上士林，而且廣泛結交往來於此的各省新黨。
戊戌前與之交往的湘粵人士為譚嗣同、梁啟超等。相比之下，唐才
常、沈藎等人的資歷根底要淺得多。

到了中國議會時期，江浙派勢力進一步增強。該會除容閎、嚴
復、鄭觀應等名高望重者外，骨幹成員是唐才常、狄平等康梁派和以
汪康年、葉瀚為首的江浙人士。儘管會長容閎偏袒幹事兼會計唐才
常，但主要權力控制於人多勢眾的江浙派之手。七月二十六日首次集
會時，葉瀚任主席。七月三十日第二次集會選舉幹部，葉瀚任書記，
汪康年任幹事，兩人既是同鄉，又曾同僚。[77]其餘兩位書記汪有齡
（子健）、邱震（公恪），一是汪的親戚，一是葉的知己。[78]另外八位
幹事中，汪立元（劍齋）是汪康年的親戚，沈士孫（小沂）、趙仲宣
據說「與汪觀點一致。」[79]孫寶瑄（仲愚）則與汪同鄉，又曾是《時
務報》的重要撰稿人，且地域意識明顯。他後來曾說：「蓋我國開化
之志士，廣東、湖南而外，惟吾浙最盛。」[80]戊戌前，他和另一位幹
事胡惟志（仲巽）與汪康年、宋恕、梁啟超、譚嗣同、吳嘉瑞等自比
竹林七友。[81]其餘三位幹事，鄭觀應缺乏實力，丁惠康、吳保初與汪
康年、葉瀚、孫寶瑄的關係比唐才常要深得多。而唐派的重要骨幹張

---

77 參見葉瀚：《塊餘生自記》，《中國文化》，第5輯，第480頁 。

78 汪有齡為汪康年族叔。一九〇二年邱震病故，葉瀚輓聯云：「中國少年死，知己一
　人亡。」（《飲冰室詩話》，第18頁。）

79 《井上雅二日記》，明治三十三年七月三十日。

80 孫寶瑄：《忘山廬日記》，辛丑二月二十三日，第324頁。

81 孫寶瑄：《忘山廬日記》，丁酉三月二十八日，第94頁。

通典、狄平，則未能進入中國議會領導層。

　　唐才常組建正氣會，是為了聯絡維新志士，聚合江湖豪強，顯示組織實力，爭取海外財源。但正氣會成立後，因名義公開，不便於運動會黨，又與汪康年等貌合神離，時生齟齬，於是雙方分別籌畫自立門戶。唐才常與梁啟超協商，籌組自立會，「自立會之設也，有康有為、梁啟超等通其氣脈，有容閎等替其運動，有唐才常等為其主力」，「汪康年深以為非，實有分道揚鑣之勢。」[82]而汪康年在正氣會成立後，也感到受唐才常排擠，頗為失意，[83]企圖糾合同志，另立一會。一九○○年三月十二日，夏曾佑函詢汪康年：「正氣全〔會〕無恙否？更別立會否？公有他圖否？」[84]五月，又問以「別會成否？」[85]後來由於唐才常另設自立會，由葉瀚接任正氣會幹事長，汪康年才試圖請東西外人相助，改造擴張正氣會。[86]遠在四川的周善培對於內部衝突導致「正氣不張」，大為「太息」，甚至說：「然見君輩之齟齬，則孤立者又僕之幸也。」[87]

　　汪康年等見斥於自立會，並非如有人所論，武裝起義為中國議會的士紳名流所難夢見。分析正氣會、自立會和中國議會的宗旨策略，眼光不能僅僅盯在幾份公布的宣言文告上，而忽視政治活動中公開表

---

82　田野桔次：《最近支那革命運動》，第1章。

83　一九○○年二月十一日鄒代鈞致函汪康年予以慰問道：「公在滬既無意趣，雖不因人言而離滬，又何不自為而離滬？」（上海圖書館編：《汪康年師友書札》（三），第2792頁）

84　上海圖書館編：《汪康年師友書札》（二），第1353頁。

85　上海圖書館編：《汪康年師友書札》（二），第1358頁。

86　一九○○年六月十八日周善培函詢：「正氣會西人肯助，其旨若何？擴充又如何？」（上海圖書館編：《汪康年師友書札》（二），第1196頁）汪康年還致函近衛篤麿、大隈重信和犬養毅等日本關注中國問題的政界要人，並寄呈正氣會章程，請求援助（汪詒年：《汪穰卿先生傳記》卷二，年譜一）。

87　1900年5月16日《周善培來書》，上海圖書館編：《汪康年師友書札》（二），第1194頁。

態與實際方略往往大異旨趣的常規通則。誠然，中國議會成員確有政見分歧，據章炳麟說，行動方略「所執不同」，分為迎蹕、排滿兩派，迎蹕派內部，又有文廷式藉力東西，唐才常翁、陳坐鎮，狄平密召崑崙，汪康年借資鄂帥等意見，「志士既少，離心復甚」。[88]汪康年還分別遊說張之洞、劉坤一、李鴻章等率兵北上勤王，誅殺「不顧國家，不明大局之賊臣」，以「為議和之根本。」[89]後又力辯自己與革命黨及江湖中人無關，所請「大率歸重於朝廷，致望於督撫」[90]，並指有關蜚語為保皇會誣陷。

　　但是，一開始就憤而脫會的章炳麟對各派政見方略的概括並不全面。汪康年不僅事後分辨多有隱情，前此上書也是別有深意。當時維新志士包括章炳麟在內，視義和團為頑固黨操縱的排外復舊工具，紛紛請求南方各督撫發兵平定，以打擊後黨，恢復新政，進而變政革新。而且汪的行動為團體公託，對此唐才常亦表贊同。

　　實際上，汪康年等人早懷反清變政意向。一八九七年德占膠州灣後，維新人士萌發倚靠民間勢力解救危亡之念。黃中慧建議汪康年「糾合山東豪傑倡舉義黨，以與德抗」[91]。戊戌後，這種願望日趨強烈，矛頭所向，也由外強轉向頑固政府。汪康年對章炳麟「無兵枋者之不能變政」[92]的見解及其稱讚孫中山「不瓜分不足以恢復」之說「可謂卓識」[93]的評語頗有同感，囑咐黃忠浩「專以練兵為務。」[94]

---

88　《再致夏曾佑》，《章太炎選集》，第115頁。參見姜義華：《章太炎思想研究》，第137頁。

89　井上雅二：《上海維新黨重要人士上李鴻章意見書》，《東亞同文會第十回報告》，明治三十三年九月。

90　《上江督劉峴莊制軍書》，《汪穰卿遺著》，第4冊。

91　1897年12月24日《黃中慧來書》，上海圖書館編：《汪康年師友書札》（三），第2267頁。

92　上海圖書館編：《汪康年師友書札》（二）第1951頁。

93　1899年7月7日《章炳麟來書》，上海圖書館編：《汪康年師友書札》（二），第1956頁。

又不顧清廷三令五申的黨禁，積極串聯組織，結黨救國。他稱正氣會旨為「本以友輔仁之旨，寓人貴自立之思」[95]，表明正氣、自立兩會精神相通。由他親自參與制定，一般會員亦不知情的中國議會絕密宗旨，不但準備暗中動武，而且力圖變政自立，「廢棄舊政府，建立新政府」。具體方式有二：「一是推一大名人為總統。二是中國各省自行治理。」實行方法則為：「趁現在民心大亂之機，派人去各省，與土匪聯合起來以成一派勢力。」[96]這一聯合民間私黨武力變政的宗旨，與唐才常、梁啟超的主張是一致的。

汪康年等還努力將此宗旨付諸行動。早在正氣會成立之初，唐才常計劃請田野桔次率數十海賊突襲北京，殺西太后，「逐盡所有奸人」，並發動會黨起義於長江，「一舉而屠南京，再舉而略武昌，遂可號令於天下。」[97]與此相呼應，在汪康年主持下，派人駐鎮江、武漢以通揚滬消息；編排隱語暗碼，秘密籌款；在揚州、四川、宜昌、祁門等地以辦學堂、開公司名義，招納豪強。汪本人則在滬廣交異人，以為「將來九合諸侯之地」[98]，還準備親赴鎮江、揚州辦理各事。

到夏季，四川方面未能打開局面，周善培「極意招徠，渠輩又謂是老酸者，不足與談生意」[99]，「日日求通」而「力不能通之。」[100]湖北方面，則宜昌有黃小琴者，「情形最熟，願辦宜荊一帶下交事

---

94 上海圖書館編：《汪康年師友書札》（三），第2294頁。

95 汪詒年：《汪穰卿先生傳記》卷二，年譜一。

96 《井上雅二日記》，明治三十三年七月三十一日、八月四日。

97 田野桔次：《最近支那革命運動》，第1章。

98 1900年7月3日《夏曾佑來書》，上海圖書館編：《汪康年師友書札》（二），第1365頁。

99 1900年6月18日《周善培來書》，上海圖書館編：《汪康年師友書札》（二），第1196頁。

100 1900年5月16日《周善培來書》，上海圖書館編：《汪康年師友書札》（二），第1194頁。

宜。」[101]揚州等地進展最為順利，特使不僅與徐懷禮接洽，還廣開門路，用金錢「辦理下交」，並建議出具定憑，實行利誘，「以鼓動眾心，使為我用。」據稱他已聯繫到可靠之人，「大約憑此君之能事，可撰出佳文二千言，字字皆能得力。」[102]

　　汪派的活動得到唐才常的協助，後者聽說周善培在四川運動會黨，「用四、五月之力，了無成效」，擬派「湖南夥計來川」，共事聯絡。[103]因此，當汪派覺得「唐近事可怪可笑甚矣」[104]而加以抱怨時，周善培勸解道：「瀏陽之有可疑，僕意此瀏陽之隱苦。蓋其所謀內圈之事，不如正氣之可一一告人。而某君者又為公等所不樂，既得其資，則勢不能以告，此其有所難者。特於足下可一直言之而不言，則可惜者。總之，吾黨既欲有所營於天下，則凡小疑小嫌，腸胃之間，皆當設一消化之力以待之，乃能相合於永遠。」[105]唐、汪兩派也深知其優勢建立在聯合基礎上，要想保持對內對外的影響號召力，便不能公開分裂。因此，在自立門戶的同時，又共組中國議會。當然，這方面的努力同樣受到派系糾紛的干擾，從一九〇〇年六月提出組建中國議會，因「互有阻隔，且於經費甚支拙，竟因是遲遲遷延時日」[106]，到七月二十六日才告成立。

---

101　1900年8月7日《□存來書》，上海圖書館編：《汪康年師友書札》（四），上海古籍出版社1989年版，第3685頁。

102　1900年8月9日、19日《□存來書》，上海圖書館編：《汪康年師友書札》（四），第3686-3687頁。佳文二千言，即精銳二千人。

103　1900年6月18日《周善培來書》，上海圖書館編：《汪康年師友書札》（二），第1196-1197頁。

104　上海圖書館編：《汪康年師友書札》（二），第1372頁。

105　1900年5月16日《周善培來書》，上海圖書館編：《汪康年師友書札》（二），第1194頁。

106　田野桔次：《最近支那革命運動》，第1章。

## 三 犬牙交錯

周善培函中所謂「某君」，即康有為，唐、汪的門戶之見，與保皇會關係匪淺。

戊戌前，康、梁與汪康年原屬志同道合，他們共同經營的《時務報》，堪稱開風氣之先。後因汪秉承張之洞旨意壓抑梁啟超言論，並對康有為有所不恭，雙方失和。百日維新期間，康門師徒以布衣沐皇恩，不免「有騰駕雲霧之勢」[107]。草堂系飛揚跋扈，不僅與日本、港澳的革命黨關係趨於緊張，也得罪了湖南、京滬等地的非草堂系維新人士，不少人鼓動汪康年出面與康有為抗衡。[108]後來擔任正氣會幹事長、中國議會書記的江浙派另一首腦葉瀚，還準備倡興浙學，以抵制「聲氣可席卷天下」的「南海偽學」。[109]康有為借光緒龍威壓制《時務報》，排擠汪康年，激怒汪與之公開論爭，「南北諸報，紛紛評議，皆右汪而左康。」[110]當時日本人這樣評論：

> 日清交戰後接踵而起者，在民間有廣東的康長素派和上海的《時務報》館派等。這兩派表面相結託，其實完全不同，如廣東人與江蘇一帶的中國人的差別。特別是康派稍帶宗教味，外面觀之，有東林黨之嫌。[111]

---

107 1898年9月13日《鄒代鈞來書》，上海圖書館編：《汪康年師友書札》（三），第2763頁。

108 1898年8月3日《陳漢第來書》，上海圖書館編：《汪康年師友書札》（二），第2045頁。

109 1898年7月29日《葉瀚來書》，上海圖書館編：《汪康年師友書札》（三），第2600頁。

110 1929年4月《王照覆江翊雲兼謝丁文江書》，中國史學會主編：《中國近代史資料叢刊・戊戌變法》（二），第573頁。

111 草勝：《上海近信》，《大阪朝日新聞》1898年6月10日。轉引自藤穀浩悅：《戊戌變法與東亞會》，《史峰》2號，1989年3月31日。

政變後雙方關係有所緩和，但芥蒂甚深，積怨難消。在正氣會和中國議會中，汪康年雖與唐才常合作，卻不滿唐與康聯繫過密，擔心「若其人真歸，則費事之極耳。」[112]雙方因與康有為關係的親疏而儼分兩派，互不協調。為避免辦事掣肘，唐才常只得另起爐灶。

然而，汪、唐兩派不僅宗旨方略根本一致，對待康有為的態度也是異曲同工。唐才常服從康有為，敬服之外，的確別有隱情。據了解內幕的井上雅二稱：按照自立會的布置，因大多數人不贊同康有為的言行，「只是要利用他的籌餉」[113]，所以不準備讓他出頭任事。這不但與梁啟超前此的主張相符，而且與汪康年等以「安插對山」為「極難對付事」[114]的看法不謀而合。事實上，戊戌政變後，中國只有少數人真心擁護光緒繼續改革。[115]儘管廢立之爭後，保皇勤王的旗幟下從者如雲，但多屬趁時而動。而且群雄並起，各自逞強，康有為反倒成了多餘人物。如果不是在海外籌款方面影響猶存，唐才常的政治天平如何擺動，還是一個未知數。

值得注意的是，汪、康交惡與孫中山有一定瓜葛。德國強占膠州灣後，汪康年憤於清廷「弭患無術，善後無方」[116]，借考察報務為名，和曾廣銓一同赴東，與日本朝野各方磋商中日同盟挽救危局之計，決心結合民間力量救亡圖存。在日期間，曾與孫中山有所交往。一八九八年一月，孫還專程陪同汪、曾二人到大阪，與白岩龍平、山本憲及僑商孫實甫、留學生汪有齡、嵇侃等會見過《大阪每日新聞》

---

112 上海圖書館編：《汪康年師友書札》（二），第1371頁。

113 井上雅二：《當用日記》附件，《中國自立會的布置》。

114 1900年6月22日《夏曾佑來書》，上海圖書館編：《汪康年師友書札》（二），第1363頁。

115 1899年2月18日《宮崎寅藏致平岡浩太郎犬養毅函》，《論中國革命與先烈》，第24-28頁。

116 《時務報》第52冊，1898年2月21日。

記者。[117]一些日本人遂將汪康年與孫中山相併提。[118]

在此之前，兩人已間接有所認識。一八九五年三月，梁啟超函告汪康年：「孫某非哥中人，度略通西學，憤嫉時變之流」[119]。孫中山倫敦被難，《時務報》連續譯載海外報刊的消息評論，最早向國內介紹這位革命先行者的異域歷險。[120]東渡前夕，汪曾向梁啟超函商進止日程。[121]與孫中山接觸，是否在原議程中，不得而知。歸國後，汪認為：「行者之無能為」，且將此意「遍喻於人」。[122]康有為害怕汪、孫交往之事張揚開來，牽累於己，竟密謀舉發。徐勤函告韓文舉：汪氏「東見行者，大壞《時務報》館聲名。欲公度、卓如速致書都中士大夫，表明此事為公（即汪康年）一人之事，非《時務報》館之事」，

---

117 《清國新聞記者》，《大阪每日新聞》1898年1月17日。見藤谷浩悅：《戊戌變法與東亞會》。曾廣銓為曾紀澤之子，原任清駐日公使館三等秘書。一八九七年跟蹤孫中山由英國到日本（明治三十年八月十八日神奈川縣知事中野繼明致外務大臣大隈重信秘甲第403號）。後參與創辦《時務報》。一九○○年任李鴻章幕僚時，介入撫孫計劃。六月十七日，乘安瀾輪赴港接孫中山，並擔任劉學詢與宮崎、內田、清藤會談的翻譯（宮崎滔天著，佚名初譯，林啟彥改譯、注釋：《三十三年之夢》，第182-183頁；馮自由：《革命逸史》，第4集，第93頁）。孫實甫，名淦，後任浙江留日學生監督，並任職於日本郵船會社。

118 1899年2月16日《章炳麟來書》，上海圖書館編：《汪康年師友書札》（二），第1951頁。

119 1895年3月14日《梁啟超來書》，上海圖書館編：《汪康年師友書札》（二），第1831頁。

120 《時務報》第14、15、17、19、21、28冊分別轉載《倫敦東方報》、日本《國家學會志》、《溫故報》的有關報導評論，如《某報館訪事與參參贊問答節略》、《英國律師論孫文被禁事》、《中國私會》、《論傳言英將控告孫文一案》、《論孫逸仙》、《論中國內腐之弊病》等。

121 1898年1月1日《梁啟超來書》，上海圖書館編：《汪康年師友書札》（二），第1852頁。函謂：「東行事弟亦刻不能忘，惟前往之人，必須極老誠、慎密、鎮靜者乃可，意中之人實無幾。兄自往則弟以為不可，不可輕於一擲也。」

122 1898年6月2日《汪大燮來書》，上海圖書館編：《汪康年師友書札》（一），第782頁。據孫中山與宮崎寅藏筆談，此前他曾致函上海，請梁啟超或其親信一人赴日，了解情況，同商大事。

又指汪「荒謬」，目為「小人」。[123]鄒代均擔心康門師徒施展「同我者黨之，異我者仇之，勢可殺則殺之」[124]的慣用手段，借機構陷，飛函告急。此事進一步加深了汪康裂痕。此外，汪間接介入了劉學詢的圖康密謀，無疑也會加重康的惡感。

東遊歸來，汪康年仍與興中會有所聯繫。一八九八年六、七月間，他會見了平山周等人。[125]正氣會期間，由於自身實力不足，又不能與唐才常通力合作，汪康年等還探討過聯合革命黨的可能性。周善培建議：「中山許公宜常與之通消息，緩急亦有用者也。」[126]夏曾佑反對向督撫進言求助，也不贊成與「翹然為首」，「帝制自為」者共事，認為：「自成一隊，力既不能，時又不及。與中山合，此較妥。然則事敗則與俱敗，事成則北面而待人（中山處大約人材較眾，皆教中人，非士大夫，故我輩不知）。唆使武負，此策無從行。」[127]為保證「文必己出」，以免「自主無權」，「求為彼隸卒且不錄」，[128]他建議：「與英、美、日相商定策，以兵力脅退□□，請□□親政，再行新政。」「若有革命黨人不願，可用意將革命、革政二黨人化合為一憲政黨人可矣。」[129]惠州起義時，周善培仍表示：「中山既有所舉，吾

---

123 上海圖書館編：《汪康年師友書札》（三），第2756頁。

124 1898年7月18日《鄒代鈞來書》，上海圖書館編：《汪康年師友書札》（三），第2757頁。

125 1898年6月25日《汪康年致宗方小太郎函》，湯志鈞：《乘桴新獲——從戊戌到辛亥》，第203頁。

126 1900年6月18日《周善培來書》，上海圖書館編：《汪康年師友書札》（二），第1196-1197頁。

127 1900年6月22日《夏曾佑來書》，上海圖書館編：《汪康年師友書札》（二），第1363-1364頁。

128 1900年8月19日《□存來書》，上海圖書館編：《汪康年師友書札》（四），第3687頁。

129 1900年6月22日《夏曾佑來書》，上海圖書館編：《汪康年師友書札》（二），第1363-1364頁。

黨不可不贊之，不可復有嫌疑。」「中山倘西顧，必使人來而為恃」，
「果有徒，仍宜贊中山。」[130]此後汪康年還向留日學生監督錢恂打
聽：「二雄合一，是否？二雄能再雄鳴否？」[131]與江浙派的關係，應
是八月間孫中山敢於赴滬的動因之一。

　　漢口兵敗之際，汪康年、葉瀚有心「收攏唐等的敗兵」，「以利他
日之用」。[132]無奈前此兩派「固屬莫不相關」，「終難收效。」[133]為保
存實力，汪康年等欲將所招人馬拉進宜昌、施恩一帶「未開闢而無主
名」的深山，[134]生聚教訓，潛伏待機。可惜緩不濟急，一時難有作
為。康有為僅憑道聽塗說就斷言自立軍失敗「全由汪康年之泄」，「汪
尾唐後而入鄂，一搜而得據，故盡敗」，[135]結果再度激化矛盾，「兩派
之間遂截然分途，不能化合」，「議會亦由是散耳。」「自餘各派，亦
互相排擊。此不特新黨志士之憂，而於全國前途之影響，有大不利
焉。」[136]趨新勢力從此捲入黨爭漩渦，遺患無窮。

　　當然，各派之間在革新變政救亡宗旨的大同之下，也存在諸多分
歧。康有為以保皇為目的，而其他人看來，勤王只是手段。孫中山的
排滿與民權，得到梁啟超、林圭、章炳麟等人不同程度的共鳴，江浙
士紳中有人卻不以為然。三年以後，夏曾佑批評當時激進青年鼓吹逐

---

130 1900年12月12日《周善培來書》，上海圖書館編：《汪康年師友書札》（二），第
　　1201-1202頁。
131 錢恂答稱：「門下士極力圖合，然孫昏而康誕，均非豪傑。」（上海圖書館編：《汪
　　康年師友書札》（三），第3009頁。此函應寫於1900年。）
132 《井上雅二日記》，明治三十三年八月一日、八月二十六日。
133 田野桔次：《最近支那革命運動》，第1章。
134 1900年8月28日、9月8日《□存來書》，上海圖書館編：《汪康年師友書札》（四），
　　第3688-3689頁。
135 1900年11月26日《康有為致丘菽園書》，杜邁之、劉泱泱、李龍如輯：《自立會史料
　　集》，第330頁。
136 田野桔次：《最近支那革命運動》，第1章。

滿、民權、流血之說，認為逐滿非持平之道，民權有待民智已開之
後，流血乃必不得已之法。[137]孫寶瑄對革新勢力的基本分析是：「今
日海內，黨派有四，曰變法黨，曰革命黨，曰保皇黨，曰逐滿黨。變
法黨者，專與阻變法者為仇，無帝後滿漢之見也。保皇黨者，愛其能
變法之君，捨君而外，皆其仇敵也。革命黨者，惡其不能變法之政
府，欲破壞之，別立政府也。三黨所持，皆有理。惟逐滿黨專與滿人
為仇，雖以變法為名，宗旨不在變法也，故極無理，而品最下。」[138]
不過，這些政策分歧並不意味著其中一些派別會因此而絕對排斥以暴
力方式實現革新變政，或根本拒絕民主政治。

　　孫寶瑄的態度在江浙派中有一定的代表性。一九〇一年新政復行
之始，他認為：「國家不變法，則保皇者忠臣也，革命者義士也。國
家果變法，而此輩黨人猶不解散，則皆亂民也，可殺。」並覆函章炳
麟：「法果變，公再談逐滿，當以亂民相待。」上海新黨聞知此事，
「皆譁然」，謂其「改節，貢媚朝廷。」但他又向來函聲明繼續堅持
排滿立場的章炳麟表示：「扶桑一姓，開國至今，談革命者，猶所不
禁。宗旨不同，各行其志。伍員包胥，不聞絕交。前言戲之，公毋怒
我。」[139]儘管他人當中許多人與官場特別是地方督撫有著千絲萬縷的
聯繫，後來再未滋生反清意向，但庚子國變的萬古未有之變局，迫使
各派亮出政治底牌，因而宗旨方略趨於一致，言行迅速接近起來，能
夠以組織聯合形式協調行動。

　　中國議會議長容閎是牽涉各派關係的另一重要人物。一些論著據
吳良愧《自立會追憶記》，稱之為孫中山代表，顯然是與容開（星

---

137 上海圖書館編：《汪康年師友書札》（二），第1390-1391頁。
138 孫寶瑄：《忘山廬日記》，辛丑十月四日，第422頁。
139 孫寶瑄：《忘山廬日記》，辛丑六月五日、九月十四日、十七日，第368、412、413
　　頁。

橋）相混淆。由此論證孫中山與唐才常以及二容間的聯繫，則往往顛倒時序，誤因為果。容閎對康有為十分欽佩，積極為保皇會和自立會辦理外交，在中國議會中，則偏袒唐才常，引起汪康年的不滿。但他一直努力促進各派聯合，早在一九〇〇年三、四月間，就與謝纘泰、楊衢雲等在香港多次商談合作計劃。謝還建議推容為維新聯合黨派的主席。[140]四月四日容閎由港經日本赴美見梁啟超，謝函勸孫中山與之會晤。梁啟超很可能是與容閎等通氣後，才分別致函孫中山、康有為，正式提出借勤王以興民政的方略，力勸各派合作。四月二十六日，楊衢雲赴日與孫中山協商合作事宜，內容之一，當是舉容閎為聯合黨派主席的建議。

　　楊、謝擁容，既針對保皇會阻撓合作，也不乏抵消孫中山聲勢，以報復興中會領導權之爭失勢的用意。[141]而孫中山既然接受梁啟超因時變通的意見，也要考慮聯合陣營領袖的適當人選。他去南洋與康有為洽談，推舉容閎為共同領袖應在議程之內。八月孫中山赴滬前發表談話，不僅對各派聯合前景充滿信心，而且特別對新當選為中國議會議長的容閎表示支持，稱之為「眾望所歸的領袖。」[142]

---

140 謝纘泰著，江煦棠、馬頌明譯：《中華民國革命秘史》，中國人民政治協商會議廣東省委員會文史資料研究委員會編：《廣東文史資料・孫中山與辛亥革命專輯》，第308頁。

141 自楊衢雲於一八九五年廣州起義前夕要脅孫中山讓出會長職位後，兩派一直為此明爭暗鬥。一八九六年十一月，陳少白與謝纘泰就孫楊地位問題打了一場筆墨官司。陳先在日本的英文報刊《神戶新聞》上撰文稱孫中山是「唯一具體把握局勢，又具有能使民族更新的一往無前的勇敢精神的人。」十一月二十六日，香港《中國郵報》予以轉載。兩天後，謝纘泰致函《中國郵報》編輯，通知其「改革派的領袖是楊衢雲」，「孫逸仙僅僅是改革運動重要組織者之一。」（黃宇和：《分析孫中山倫敦被難及其影響》，第119-122頁）

142 廣東省社會科學院歷史研究室、中國社會科學院近代史研究所中華民國史研究室、中山大學歷史系孫中山研究室合編：《孫中山全集》，第1卷，第198頁。

　　然而，容閎的會長頭銜多屬名譽性質。他「與汪不合拍」，認為「汪有私心」。[143]汪派則覺得其「進化太高」[144]，「不能任國會之事。」[145]康有為也批評其「純乎西風」[146]。儘管他袒護康派，表面看來似乎了解自立會內情，實際上「並不知道唐等的事情。完全是康有為等人一手操縱的。」所以自立軍失敗，「他無法來挽回和收拾」，其「組織團練」，「民間用兵」[147]之策無從實現。

　　對自立軍，由於容星橋的存在，容閎可能了解一些內情。但孫中山與容閎的關係，則是在一九○○年九月二人同船東渡，由容星橋居間引薦，在船上和到長崎後幾度晤談，容閎改變了孫「過於輕率」[148]的印象，才密切起來。容閎表示：「欲幫助孫遂其宿志」[149]。不久，容閎接到上海密電，於九月七日由長崎啟程赴香港。與孫中山一同前往東京活動的容星橋聞訊，也於九月十四日由橫濱赴港。[150]聯想到梁啟超在上海所說要與孫派在兩廣合作的話，這似非偶然巧合。此後，容閎一面繼續為保皇會辦外交，「首途往英、美、日辦漢事，並與英外

---

143　《井上雅二日記》，明治三十三年八月一日。

144　1900年8月21日《夏曾佑來書》，上海圖書館編：《汪康年師友書札》（二），第1386頁。

145　1900年9月4日《夏曾佑來書》，上海圖書館編：《汪康年師友書札》（二），第1371頁。

146　1901年7月5日《康有為致譚張孝書》，《近代史資料》，總80號，1992年1月。

147　《井上雅二日記》，明治33年8月26日。

148　《中華民國革命秘史》。據《容氏譜諜》卷15《兆六房善公支世傳》，容星橋與容閎的高祖父為親兄弟。

149　明治三十三年九月四日長崎縣報，高秘第329號，九月二十二日福岡縣報，高秘第971號。

150　明治三十三年九月七日長崎縣報，高秘第336號，九月十八日長崎縣報，高秘第361號，九月十四日神奈川縣報，秘甲385號。許多著作引述明治三十三年九月十日東京警視總監大浦兼武致外相青木周藏的甲秘第111號報告，稱容閎於九月七日與孫中山一起赴東京，系與容開混淆。

部訂明」，[151]一面被孫中山舉為代理使職於外國之人，[152]才分別成為革命、保皇兩派的外交代表。由於保皇會勤王虎頭蛇尾，興中會舉義雖敗猶榮，他逐漸疏遠前者。

興中會以外各派的秘密宗旨與活動表明，一旦當權統治者的倒行逆施嚴重危及國家社稷的安危，開明士紳的民重君輕觀念與天下己任報負便會與民主愛國的嶄新意識交相作用。汪有齡這樣表達其主張：「得死君國，不失為忠，委曲求濟，不失為智，稍有建樹，不失為勇，扶順抑逆，不失為義。左之右之，惟其是而已矣。」[153]他們秉承士林異端結交江湖以抗朝廷的傳統，與各種反清勢力聯合，以武力掃除變政障礙。其因時因地而異的言行，固不免夾雜拚死一戰的衝動，但也有策略的靈活變通。各派宗旨利益不一，手段卻驚人地相似。而且就革新變政的根本而論，宗旨亦無二致，只是程序步驟緩急有別。當各派矛盾尚未擴大公開，而形勢又逼使其立即行動時，憑著以民間勢力速起救國的基本共識，不僅產生了相互聯合的願望，而且進行了不同程度的努力。正如田野桔次所說：

> 然時勢之所變，幾咸驅在野之志士而成合一團體。……而一時感動奮發之氣象，理想知識之發達，實足令人敬仰。且彼等之心，皆出自一片愛國之熱忱，非所顧於成敗利鈍也。故萬一事成，不特稱霸於中國，雄飛於亞東，固將摧獅威，折鷲翼，握全球之霸權，執萬國之牛耳，而為世界之主人翁也。[154]

---

151 1900年11月20日《康有為致丘菽園書》，轉引自《自立軍起義前後的孫康關係及其他》，《近代史研究》1992年第2期。

152 廣東省社會科學院歷史研究室、中國社會科學院近代史研究所中華民國史研究室、中山大學歷史系孫中山研究室合編：《孫中山全集》第1卷，第202頁。是函寫於1900年10月中上旬。

153 上海圖書館編：《汪康年師友書札》（一），第1059頁。

154 田野桔次：《最近支那革命運動》第1章。此節文字田野翻譯時有所增添。

當時列強興兵，北方糜爛，南方督撫以下大小官吏各懷貳心，紛求應變自保之方。如果各派通力合作，未必沒有亂中取勝機會。可惜康有為氣狹量窄，各派又不能齊心協力，使中國再度痛失變革良機。在清廷各個擊破和內部各派衝突的夾擊下，趨新勢力元氣大傷。

武力反清中各派顯示出來的能力高下，成為庚子後海內外一片言革之聲的重要契機，使革命黨搶占上風。徐勤歎道：「今日各埠稍聰明者，無一人不言革命，即現在同門同志，同辦事之人，亦無一人不如是。即使強制之，口雖不言，而心亦終不以為然也。」[155]先前曲高和寡的排滿革命成為人心所向。不過，新世紀伊始，中國社會還處於分化改組的大變動之中，勤王未必盡屬保皇會，反清並非同歸革命黨。用革命與改良（維新）兩極相對的簡單框架來解釋甲午以後中國各種趨新勢力的形成起落，分化演變，及分歧聯繫，總有幾分不合體。細讀史料，突出勤王陣營中保皇與革命的衝突對立，很大程度上受到庚子後政局變化，特別是一九〇三年革保初步論戰的影響，而章士釗所著《沈藎》，秦力山所著《庚之漢變始末記》尤為關鍵。從清末政治大格局中考察民間勢力與政府的關係，趨新各派政治行為的驅動因素不僅來自西方近代意識，也受制於傳統社會紳權與皇權關係的觀念及行為規範。

---

155　《徐勤致康有為書》，上海市文物保管委員會編：《康有為與保皇會》，第200頁。

# 第四章

# 保皇會的暗殺活動

　　暗殺之類的政治行為，一般總與崇尚暴力的組織或個人相聯繫。因此辛亥時期革命黨人的暗殺活動，早已為史學界反覆論道，而保皇會的同樣行為卻鮮有提及。儘管有關史料歷歷在目，但先入為主的觀念令人難以把暴力手段納入改良範疇。在視保皇派為革命勁敵、清廷幫兇的同時，忽略了康、梁還是當朝執政通緝的首犯，把他們政治行為中一個別具色彩的側面排斥於可能性之外。加上保皇會當時的函電文書有意隱去當事者的姓名行蹤，事後對此又避而不談，甚至故弄玄虛，致使各種史實模糊不清。一九八○年代中期，湯志鈞、楊天石兩位先生分別依據在日本發現的畢永年所撰《詭謀直紀》，確證了戊戌政變前夕康、梁等密謀發兵圍頤和園殺西太后的公案，揭示出維新派政治行為陰的一面。描述分析庚子勤王運動前後保皇派的暗殺活動，可以更加全面深入地認識這一政治勢力的品格與性質。

## 一　復仇復辟

　　戊戌政變後，保皇救上、恢復新政成為康有為、梁啟超等人的當務之急。為達此目的，他們設想的主要途徑有三：一、援引列強；二、興師勤王；三、暗殺行刺。

　　作為積極參與政治角逐的入世者，康、梁不同於一般坐而論道的學者文人，道行清高不得不服從於權力鬥爭的勝負法則。競爭者雖有

革新與守舊的背景差異，但權謀手段如出一轍。只是處於在野地位乃至被迫流亡的康、梁缺少正統性依據，行動更為隱蔽，以後又秘而不宣，藉以保持忠正形象，編織道義戰勝權奸的神話而已。亡走東瀛之初，梁啟超在與日本外相大隈重信的代表志賀重昂談話中說：

> 南部各省之志士，咸動義憤，將誓師清君側，僕等亦不能阻之。然義師之起，其險著居十分之九。蓋歐洲諸國，必將承其後，且各省伏莽，紛紛借機而起，蹂躪中原，而分割之事亦隨之矣。故僕等之意，與其冒此險著而謀之於下，不如公借友邦之力以謀之於上也。

希望由日本出面，聯合英、美進行干預，促使光緒重掌大權。他還函邀容閎前往東京，與康有為同航英、美，就此事接洽磋商。[1] 不過，康、梁雖然害怕草莽豪強擁兵自重，也同樣擔心東西列強仗勢欺人，趁火打劫，自己背上賣國的千古罪名。要避免起於下、迫於外的割據瓜分風險，最佳良策莫如以暗殺除去西太后和少數頑固重臣，迫退守舊黨，擁戴光緒復位，重行新政。

康有為避匿香港之際，宮崎寅藏曾坦然指陳其變法失敗的原因在於「徒賴君權，想以一紙上諭來完成這樣的大事」，沒有以武力作後盾的準備，鼓動其「親自下結民間志士，起義軍於中原。」試圖促成維新、革命兩黨結合，聯絡哥老、三合會黨，掀起一番風雲。但康有為將政變歸罪於西太后，「說她是東亞的禍根，認為當前的急務在於除掉這個西太后」，[2] 並提出借助日本壯士達到這一目的的想法。宮崎

---

1 《與志賀重昂筆談》，《光明日報》1959年7月9日。
2 宮崎滔天著，佚名初譯，林啟彥改譯、注釋：《三十三年之夢》，第133-137頁。

雖然不反對暗殺，但批評其求助於日本人是怯懦的表現，以激將法逼康從弟子門生中尋找赴義俠士。

其實，康有為等人並不排除以暴力相加為應急手段。百日維新之前，康、梁鑒於「望在上者而一無可望，度大勢必割鬻至盡而後止」[3]，一度趨於激進。梁啟超見「草莽之士，多主革命之說，其勢甚盛」，自己「亦主張斯義。因朝局無可為，不得不倡之於下也。」[4]他入湘任教於時務學堂，主張實行「急進法」，「以徹底改革，洞開民智，以種族革命為本位。」康有為「沉吟數日，對於宗旨亦無異詞。」[5]隨之同往的韓文舉、葉湘南、歐榘甲等一律本此宗旨，持論急進。湘中士子本有結交江湖的傳統，時務學堂學生感受民權思想鼓蕩，情緒頓趨激烈。據說康有為本人在萬木草堂中也「大倡自由共和的理論」[6]。他派梁啟超入湘的原因之一，是「以湘人材武尚氣，為中國第一，圖此機會，若各國割地相迫，湘中可圖自立。」[7]

變法為康有為等人開闢了通向權力中心的大道，一旦沐浴光緒的知遇之恩，便視「皇上為大有為之君」，於是「慨然變計，專務扶翼主權，以行新政。」甚至政變後仍指革命「乃謀國之下策」，只能萬不得已而用之。面對強鄰環伺，豪強蟄伏，瓜分割據的潛在威脅不斷加劇的形勢，革命「尤為不可行」。[8]

然而，光緒失勢不僅令康、梁一派的權力地位一落千丈，更嚴重影響其信念與希望。因而當危機迫近之際，他們曾試圖訴諸武力，以扭轉乾坤。政變前夕，康有為等風聞西太后密謀於舊曆九月天津大閱

---

3　《康有為致趙曰生書》，丁文江、趙豐田編：《梁啟超年譜長編》，第94頁。

4　《與志賀重昂筆談》，《光明日報》1959年7月9日。

5　狄葆賢：《任公先生事略》，丁文江、趙豐田編：《梁啟超年譜長編》，第88頁。

6　宮崎滔天著，佚名初譯，林啟彥改譯、注釋：《三十三年之夢》，第117頁。

7　《康有為致趙曰生書》，丁文江、趙豐田編：《梁啟超年譜長編》，第94頁。

8　《與志賀重昂筆談》，《光明日報》1959年7月9日。。

時誅殺光緒，感到形勢嚴峻，召畢永年、唐才常率百人督袁世凱統兵
圍頤和園。他們奏准光緒時，只稱廢西太后，暗中則使畢「執而殺
之」。[9]有此認識，倉惶出逃的康門師徒要跨越暴力行動的心理障礙並
非難事，在宮崎的激勵勸說下，康門弟子陳士廉、梁元理決心北上刺
秦。臨行之際，兩人分別到宮崎在香港的寓所灑淚告別，表示：「此行
已不期再歸，也不能再見。如果北方風雲有變，即為我死之日。」[10]
並囑託宮崎援助保護康有為，以挽救中國前途。宮崎則勸以切勿輕易
赴死，成功後設法全身而退。當晚，陳、梁二人即登輪北上。

　　保皇派暗殺的重點對象，是發動政變，殘害六君子的罪魁禍首西
太后和榮祿。特別是榮祿，不僅反對革新變政，而且鼓動西太后復
出，密謀圍殺光緒，又掌握重兵，把持朝政，迫害新黨，保皇派視為
萬惡之源，對其深惡痛絕，必欲除之而後快。此番北行，梁元理到天
津即折返。陳士廉隻身入京，亦因禁衛森嚴，難以下手，無功而回。
田野桔次《最近支那革命運動》第七章《南清之革命運動》記：戊戌
政變後，

　　　　廣東諸同志，憤慨非常，日夜謀所以雪恨之道。方此時，有二
　　　　奇人出現於中土，此在支那不易得之青年也，曰梁某與陳某是

---

9　畢永年：《詭謀直紀》，湯志鈞：《乘桴新獲──從戊戌到辛亥》，第28頁。
10　宮崎滔天著，佚名初譯，林啟彥改譯、注釋：《三十三年之夢》，第137頁。按該書
　　將兩人姓名隱去。據《康南海自編年譜》，1898年10月15日，陳士廉與梁元理「曾
　　冒險難走京師」，欲偷運康廣仁遺體南歸。此事日本政府曾通報其駐華外交機構
　　（《與志賀重昂筆談》《光明日報》1959年7月9日）。據查，宮崎於一八九八年九月
　　二十九日在香港與康有為取得聯繫，十月十九日陪康赴日。北上行刺二門生出發於
　　康離港前數日。另據一九○○年四月二十日梁啟超致《知新》同人書：「去年以來，
　　介之經營此事數數矣，未能一得手。」（丁文江、趙豐田編：《梁啟超年譜長編》，
　　第225頁）陳字介叔。則北上二人應為陳士廉、梁元理，主要目的是暗殺行刺。

也。第一，刺客梁某。梁某二十一二歲之美男子也，容貌溫
粹，而眉目之間，自有一種凜然之氣。予每見此人，必追想我
國維新當時之橋本左內，蓋與之有同風也。第二，刺客陳某。
其顏面如（狆）兒，一見驚人，性滑稽，有大氣魄，且善飲。
予嘗與之對酌，頃刻可傾數升。蓋予與陳君實酒友也。既而提
匕首任刺客之義務，以赴北京。梁、陳兩人，由香港乘船向
北，所狙敵即西后也。後彼達北京，費種種苦心，以謀暗殺，
然宮中不易近，計無所施，竟脫走日本。[11]

　　不過，保皇派並未就此放棄暗殺計劃。此後兩年間，在陳士廉、
麥孟華、[12]劉楨麟、羅潤楠等人的主持下，保皇派一面從海外各埠招
募俠士，一面聯絡兩粵的會黨豪強，多次組織行動。如廣東南海縣西
樵鄉巨盜區新，曾於一八九九年受保皇派驅遣，「潛行入京謀刺大
臣」[13]。加拿大、檀香山等地的保皇會也派歸數人任俠。維多利亞華
僑關炳響應倡議，回港與劉楨麟等共謀大事，由劉主議，關回鄉「招
集四方豪傑，千金不惜，即欲刺榮祿，以報六君之仇。不料四方尋
覓，竟然有三十四人允諾。」其中為首的十餘人，「膽實，有彈必
中」。無奈澳門總局調度乖方，關炳幾度致函而不一覆，親往詢問，
則《知新報》館已停，總局已撤。「回家對義士說知，則眾君大哄，

---

11　田野桔次《最近支那革命運動》，第101-102頁。

12　一九〇〇年四月二十九日梁啟超致徐勤書稱：「參事弟向不與知，故亦不敢妄議。但
　　去年數次經營北事，不就手猶可言也；至於今年經營豚事，數月不就手，不可言
　　也。」（丁文江、趙豐田編：《梁啟超年譜長編》，第238頁）

13　光緒二十九年十二月十八日《署兩廣總督岑春煊奏剿辦新廣東志氣軍首要區新等情
　　形摺》，中國第一歷史檔案館、北京師範大學歷史系選編：《辛亥革命前十年間民變
　　檔案史料》下冊，第440頁。

謂愚失信於天下。」關炳只得變賣祖業，自行支敷，因而破家。[14]康門弟子或有謀無勇，或缺乏真才實幹，組織不力，加上京師禁衛森嚴，大內尤甚，幾經努力，無一成功。

## 二　勤王輔助

康、梁等人亡走海外，聲稱奉詔，鼓動保救光緒，創發報刊，抨擊當朝執政，成為西太后及其黨羽的心腹之患。從其出亡之日起，清政府就設法予以剗除。開始試圖緝拿正法。政變不久，清廷即派榮祿的心腹李盛鐸任駐日公使，取代黃遵憲，準備重施駐英公使館綁架孫中山的故技。從一八九九年一月起，不斷有清廷派遣刺客到日本行刺康有為的消息。據東京警視廳報告，康有為接到友人函告，有沈、陳二人奉清政府之命暗殺康、梁，正在上海與日本人往還，以求交際，將東渡日本。[15]四月，又有以保皇會為目標的刺客抵達日本的消息。[16]其時清廷由剛毅籌畫對付康有為，「劉問芻自認能除康，剛極喜之」[17]。七月，清政府派劉學詢、慶寬等以考察商務名義赴日，與日本政府暗中交涉「交康」事宜。[18]此舉不成，遂改用通緝與暗殺並舉之法。

劉學詢在日期間，曾與孫中山密談，其中據說涉及如何對付康有為。此事在劉學詢一方，是肩負清政府的使命，在孫中山以及從中撮合的日本人士，則旨在籌集軍費。[19]同年十月，康有為接到其母病危

---

14　1909年11月26日《關炳致康有為書》，上海文物保管委員會編：《康有為與保皇會》，第462頁。

15　明治三十二年一月二十一日警視廳致外務省乙秘第109號。

16　明治三十二年四月二十四日大浦警視總監致青木外相甲秘第80號。

17　1899年4月14日汪大燮來函，上海圖書館編：《汪康年師友書札》一，第802頁。

18　1899年7月3日《汪大燮來書》，上海圖書館編：《汪康年師友書札》一，第808頁。

19　東亞同文會編：《續對支回顧錄·柏原文太郎》，第651頁。

的急電，從美洲東歸，途中證實事屬子虛，擔心是清政府的陰謀[20]。恰好《清議報》館被火焚毀，康有為更加害怕清廷故意製造混亂，以便下手。況且報館失火事確與清廷有關。其時剛毅南下廣東，一面籌集鉅款，一面督促殺康事宜。回京之後，「又常常專注拿康，危言聳論，不知又加幾許，⋯⋯合肥之商務兩廣，皆為此事，有此一事，則餘事皆不暇矣。」[21]

　　十一月，李鴻章擔任商務大臣並奉密旨除康，[22]即任用劉學詢，企圖利用孫中山誘捕康有為。關於此事，孫中山先期制定了一套辦法，但在劉學詢函約之後，遲遲沒有回覆。劉學詢鑒於「滬上各報已播傳，恐打草驚蛇，蹈上年李盛鐸覆轍」，準備「得孫回音，即先赴粵」，要求李鴻章「請奏飭粵暫緩，俟詢到商妥再辦。」李鴻章認為孫中山不答覆表明其「或尚遲疑。粵早奉電旨，難再飭緩。擬赴粵，有何辦法？」劉學詢答以「法用誘用擄，活上斃次。」行刺之事由港澳之人實施，「候孫來商截南洋之路」[23]，以防康有為聞訊外竄。據說康有為在港期間，「刺客載途，登吾港寓三層樓行刺焉。時門人狄楚卿猶在樓下與唐才常談也。又開隧道於鄰，欲火吾室，幸吾先行而免。」[24]由於在港行動不便，清政府試圖通過外交途徑使港英當局將

20 明治三十二年十月二十六日大森兵庫縣知事致青木外相兵發秘第514號；十月二十七日警視廳致外務省乙秘第1010號；十月二十八日淺田神奈川縣知事致青木外相秘甲第530號。

21 1899年12月28日汪大燮來函，上海圖書館編：《汪康年師友書札》一，第812頁。

22 1899年11月27日李鴻章《致上海虎城》：「昨面奉懿旨，令設法捕逆，已奏明仍交尊處辦。孫已到否，康已離港否？究在何處？望查明隨時電知兩廣密捕是確。」（顧廷龍、葉亞廉主編：《李鴻章全集》三，第870頁）。

23 顧廷龍、葉亞廉主編：《李鴻章全集》三，第870-871頁。關於劉學詢與除康之事，參見李吉奎：《孫中山與劉學詢》，中山大學學報編輯部編：《孫中山研究論叢》第5集，1987年。

24 《康南海先生墨蹟》，中國史學會主編：《中國近代史資料叢刊‧戊戌變法》一，第419頁。關於此事，康同璧《南海康先生年譜續編》記為：「某夜，刺客忽至，相距

康有為驅逐出境，同時「多方部置，靜以待動，不惜財力，誘而擒之，務期必獲。」李鴻章還指示劉學詢：「此事宜細心設計密圖，勿過鹵莽，防一擊不中，口舌更甚。黃金福係剛派密捕者，亦合辦為妙。」[25]

鑒於秘密行動屢試不果，同年十二月二十日，清廷發布上諭，令沿海各地督撫「懸賞購線，無論紳商士民，有能將康有為、梁啟超嚴密緝拿到案者，定必加以破格之賞。」「即使實難生獲，但能設法致死，確有證據，亦必從優給賞。」[26]公然鼓動濫殺。同時派遣李鴻章署理兩廣總督，以辦理除康事務，破壞保皇會在廣東及海外的勢力與活動。一九〇〇年一月二十四日，清廷再度頒布上諭，確定賞銀數額為十萬兩，無論生死，一體給賞。而且將銀兩先行提存上海道庫，一面交犯，一面即驗明交銀。如不願領賞，則破格授予實在官階及各項升銜。[27]除康之意十分迫切。

清廷步步進逼使之與保皇派的矛盾更加尖銳。康、梁等人不僅無法踏足祖國，海外活動也因此障礙叢生。梁啟超欲往三藩市，清駐外使節串通當地守舊僑領，以「官吏懸賞購刺，無賴小民，及貪利洋人，既已預備藥彈匕首以待」[28]為由，加以恫嚇阻攔。這就迫使保皇派以牙還牙。為了對抗清政府日益加緊的迫害行動，三藩市保皇會提出保護家屬之法三條，其中第一、二條規定：「一我帝黨中人無拘在何處被人戕害，或波及親屬，一經查出，確是因保皇起□，即訪主謀

---

僅尺許，先君大呼閉門，印警至，賊始走避，門人狄楚青及唐才常猶在樓下談也。又買鄰房穿地道，擬以炸藥轟之。」（康有為：《我史》，第66頁）

25 顧廷龍、葉亞廉主編：《李鴻章全集》三，第873-875頁。

26 朱壽朋編，張靜廬等校點：《光緒朝東華錄》，北京，中華書局，1958年版，總第4454頁。

27 朱壽朋編，張靜廬等校點：《光緒朝東華錄》，總第4470-4471頁。

28 梁啟超：《飲冰室合集・文集之五》，上海，中華書局，1936年版，第66-67頁。

者何人，立速函報各屬，務要罪人斯得。更即函商總會，將其主謀家屬一併戮除，庶可以弭奸人之伺。一同志中有敢任報仇者，查確果得真凶，本會即獎賞中國銀五百元；倘非真凶，不能領賞。能得仇人家屬戮除者，亦以中國銀五百元為酬。所有賞費，均由會項支銷，決無失信。」[29]決心以暴制暴，大規模實施報復行動。新加坡僑商也表示願出十餘萬「以捕諸大賊」[30]。

　　北方行動不易措手，奉命到粵查辦保皇會的李鴻章便成了眾矢之的。李鴻章赴任後，為敷衍交差，捕拿了幾位保皇會員的親屬，在海外華僑中激起軒然大波，一些人畏懼驚恐，更多的則是義憤填膺。前此，康有為接納唐才常的建議，決心起兵勤王，他督率弟子黨人一面加緊宣傳募捐，一面在澳門設立總局，聯絡兩廣會黨首領和地方實力派，制定出一套兩廣起兵，襲湘攻鄂，席卷長江，直搗京師的勤王戰略。特別是一九〇〇年五月以前，一度以廣東為發難之地。而兩廣總督李鴻章，成為實現這一計劃的重大障礙，令保皇會心存顧忌，千方百計要將其剷除，以利於軍事行動。

　　此外，保皇派的老對頭劉學詢又被李鴻章羅致門下，益發激起康、梁等人的忌恨。康、劉之間，早在一八九六年就因康代王鵬運草擬彈章牽及劉而結仇，[31]後又因劉東渡密謀交康及在滬策劃綁架之事風聲走露而積恨，雙方已成你死我活之勢。劉學詢掌握闈姓鉅款，又控制著李鴻章所購六千軍械，[32]李、劉勾結，狼狽為奸，成為保皇派

29 1900年4月13日《致總局諸兄書》，丁文江、趙豐田編：《梁啟超年譜長編》，第223頁。

30 1900年5月19日《與同薇同璧書》，上海文物保管委員會編：《康有為與保皇會》，第169頁。

31 孔祥吉：《孫中山康有為早期關係探微》，《孫中山和他的時代》，第1894-1896頁。

32 《井上雅二日記》明治三十三年八月七日，近藤邦康：《井上雅二日記——唐才常自立軍蜂起》，《國家學會雜誌》第98卷第1、2號合刊。

的首要之敵。當時保皇會在港澳等地購械運貨，準備起義，劉學詢奉李鴻章之命四處查堵，給起義的籌備工作造成一定的困難。於是，保皇會將暗殺的重心暫時南移到廣東。

　　對於刺殺劉、李之事，梁啟超態度最為積極。他在軍事上力主大舉必先圖粵，而以李鴻章的生死去留為此謀略成功與否的要素，因此於一九〇〇年三月間不斷函囑負責兩廣軍事行動的澳門總局：「劉豚為肥賊軍師，必竭全力以謀我。恐其必生多術，以暗算我輩。……肥賊劉豚在粵，頗增我輩之阻力，宜設法圖之，去年遄歸諸俠，有可用否？此二人在他日阻力未有已也，請留意。」[33]在覆函贊同沈蓋北上行刺計劃時，還要提及一句：「肥賊、劉豚為我輩無限阻力，能並圖之最善也。即失之於北，亦當取之於南。」[34]希望其一身二任，南北兼顧。

　　恰值此時，李鴻章擔心北方政局變化，若與保皇會的矛盾不斷激化，不利於將來進退，遂託人向保皇會問訊。梁啟超得知消息，一面覆函康有為：「來書言合肥使人問訊，其人為誰，來時作何語，幸見告」[35]，以求證其事詳情，一面調整策略，將李鴻章暫時排在暗殺名單之外。一九〇〇年四月十二日，為配合取粵為先的謀略，梁啟超致函康有為，提議：「得省城不必戕肥賊，但以之為傀儡最妙。此舉有數利：示人以文明舉動，一也；借勢以寒奸黨之心（助我聲威），二也；西人頗重此人，用之則外交可略得手，三也；易使州縣地方安靜，四也。」而將劉學詢列為首殺對象，說：「孝高言使東人為荊、聶之說，聞其已稟先生，此事大佳，望助成之。彼須先以款存銀行，不

---

33 1900年3月28日《與〈知新〉同人書》，丁文江、趙豐田編：《梁啟超年譜長編》，第206頁。

34 1900年3月28日《覆誠忠雅三君書》，丁文江、趙豐田編：《梁啟超年譜長編》，第209頁。

35 1900年4月4日《致康南海先生書》，丁文江、趙豐田編：《梁啟超年譜長編》，第214頁。

知要多少耳。似此勝於用吾黨人。劉豚為我阻力極大，不可不圖之。」[36]以後又催促道：「孝高擬用東人為荊、聶之舉，似甚可行。其有所需，望讚助之」[37]。

雇用日本殺手的主意，雖由羅普提出，用於行刺劉學詢，卻由梁啟超出謀劃策。同日他致函羅普，提出：

> 在東覓及買□□料夥伴，妙極妙極。往京辦貨固極要，然廣貨亦不可不留意。北豬不如南豬之易買（會意否？即使無□生怒形於色之畜生也），南豬曾運來東者，近布其體內黴菌之毒，罹人甚矣，非首買之不可。（買南豬心得）夥伴偽稱某大新黨記者往，由粵持一名人（不必貴人，而當用富人，澀倉朝山之類皆可）之紹介書往，約期□□林五，務以得見為止。一見便買，買得後從容揮雙指口以出，此最易事也。若猶欲有進於此，則莫如脅之，使自割其肉以養我。其法如前，而添用一吾黨人，記名通譯，入則揮雙以指之，使其以若干自贖（少則十萬，多則倍之）。簽名發單後，通譯即挾彼一親人往銀行，收得即電匯他處（即濱、檀之嶺。若在東，逕寄湘南，無不可也）。然後仍將該貨收買，如此真乃一舉兩得。然欲幹此著，須俟株主到港乃可，因省銀行不便也。但欲辦此，必須先查該株主有銀多少存在銀行乃可，否則空勞也，祈酌之。自余來書，一切布置皆妥。現已覓定人否？薪金幾何？合同已定否？祈書告，俾慰。若辦第二法，則通譯人頗難，弟能任之否？但

---

36 1900年4月12日《致南海夫子大人書》，丁文江、趙豐田編：《梁啟超年譜長編》，第220頁。

37 1900年4月23日《致南海夫子大人書》，丁文江、趙豐田編：《梁啟超年譜長編》，第231頁。

此人一得款後，當即登舟往他處，勿使警吏得蹤跡為要。此乃私罪，非國事犯可比也。來檀者但得神奈川縣簽一字，言係遊學，往來領事處再簽一字，即可來。蓋米例惟許傳教遊學等四種人，但在所居之地，得地方官一字，來領事便可出紙。在港則華民政務司也。故神奈川縣若知此例，不費之惠，何難之有？望託人圖之。若仍不能，則使斯□冒稱懋龍，懋龍常有英籍紙，作為英人來何如？望商之，務求必得為盼。兩人來，則更善也。不得已，乃用一人耳。[38]

次日，梁啟超又致函澳門總局，「卯金富而多謀，今以全力圖我，阻力之大過於榮（以其近也），不可不先圖之。弟前書已頻提，諸兄想已計及。」[39]認為劉比榮祿為害更烈。四月二十日，梁啟超再次致函澳門《知新報》同人，強調：「卯金事，我必不兩立，一切未辦，亦當先圖之。」身處海外僑界，他深感劉、李在廣東株連本黨親屬所造成的影響危害，認為：「鼠輩倡狂如此，非礮數四，不足以挫其鋒。」並對「去年以來，介（陳士廉）之經營此事，數數矣，未能一得手」的情況表示不滿。[40]

四月二十九日，梁啟超在不知澳門保皇會總局已經動手的情況下致函徐勤，再度表示：「豚子不宰，我輩終無著手之地，此義人人知之，人人有同心」，並對總會「現時款項雖非大充，然亦未至盡絀，

---

38 1900年4月12日梁啟超致羅普書，郭世佑：《梁啟超佚函中的綁架劉學詢方案》，《歷史研究》2000年第2期。其實此函並非綁架，而是暗殺，前一方案為直接下手，後一方案則先得其款再下手。

39 1900年4月13日《致總局諸兄書》，丁文江、趙豐田編：《梁啟超年譜長編》，第222頁。

40 1900年4月20日《致〈知新〉同人書》，丁文江、趙豐田編：《梁啟超年譜長編》，第225-226頁。

何以數月以來，無一毫動靜」的狀況大為不滿。他指責麥孟華等人「去年數次經營北事，不就手猶可言也；至於今年經營豚事，數月不就手，不可言也」，懷疑他們手下「未有用命之人。不然，何至今闕如也」。在檀香山華僑「無日不以此事相勸相責」之下，為了打擊清廷兇焰，重振華僑對保皇會和勤王運動的信念，他提出：「此事既為吾黨絕大關係，雖多費亦當行之，重賞之下未必無勇夫，不宜惜此區區也。懸賞之法，與其人同往銀行訂存若干，事成而謝之」，並且聲稱：「此事若就，檀可增金萬數千也。請速圖之！」[41]與清政府的舉措針鋒相對。

在梁啟超的一再催促下，澳門總局經多次嘗試，終於設法執行了行刺劉學詢的計劃。一九〇〇年四月二十四日，劉從澳門回省，「甫登岸，即被兇徒以手槍對面打中胸旁，賴裡衣搪護，僅入皮肉三分，血流不止。」經洋醫診治，尚未致命。「蓋此等事為新黨仇恨，下此毒手。」[42]行動雖然沒有完全成功，但保皇會總算有了搪塞華僑的藉口。一九〇〇年五月十九日陳國鏞函告保皇會洛杉磯分會負責人譚良：「至募死士刺殺賊黨一層，為極難事。自去年至今，已日日注意於此，已費許多金錢招致此等俠士，惟總未見一施諸實事者。前月在省城槍傷劉學詢，諒亦有所聞。此正我保皇發軔之先聲，亦不得謂無敢死之士。雖未能致之死地，庶足以寒奸賊之膽，壯我民之氣也。近聞其彈子尚未取出，又有謂其已死者，真否尚未可知，容俟續報。」[43]

殺南豬不果，梁啟超仍不甘心，以後保皇會集中兵力向廣西，康有為對李鴻章仍有分化利用之心，梁啟超則認為已無價值。戊戌政變

---

41 1900年4月29日《致雪兄書》，丁文江、趙豐田編：《梁啟超年譜長編》，第238-239頁。

42 1900年4月25日《致北京盛京堂》，顧廷龍、葉亞廉主編：《李鴻章全集》三，第910頁。

43 譚精意供稿，阮芳紀、黃春生、吳潔整理：《有關保皇會十件手稿》，《近代史資料》，總80號，1992年1月。

後，李鴻章一面執行清廷鎮壓維新派的旨意，一面向維新派示好，他在公私場合下多次自認為「康黨」，稱康有為能為其數十年不能為之事，自愧不如。甚至當著慈禧的面說：「臣實是康黨，廢立之事，臣不與聞，六部誠可廢，若舊法能富強，中國之強久矣，何待今日。主張變法者即指為康黨，臣無可逃，實是康黨。」[44]又託伊藤博文、日本駐天津領事鄭永寧和東亞同文會井深彥三郎等人三次向梁啟超轉述慰問之言，「並教以研精西學，歷練才幹，以待他日效力國事，不必因現時境遇，遽灰初心等語。」李鴻章督粵，為了壓制海外華僑保救光緒的熱情，拘禁家屬，掘墓毀祠，激起保皇會員的強烈憤慨。梁啟超公開上書，告誡李鴻章秉公辦事，謹慎用人，不要逆時勢而行。[45]六月，梁啟超接到李鴻章託孫寶瑄代覆的信函，知其「頗有惓惓之意，又有求免之心」，仍然堅持：「此賊若在，阻力不小」，希望澳門總局伺機設法將其先行除去。[46]

保皇會在謀取劉、李項上人頭之時，並未忘懷於北方大敵。一九〇〇年四月十二日梁啟超致康有為書中提到：「伯忠來書，有『介現入都』之語，然則介所辦仍是在密一邊，非在明一邊也。」介，即介叔，陳士廉字。所謂明，即興師起兵，所謂密，則是暗殺行刺。當時康有為以「介、聞、勉合成一軍」[47]應對梁啟超關於廣東軍事部署的詢問，而梁知悉陳士廉仍在京師從事暗殺活動，故有此一駁。除保皇會直接指揮的行動外，羅普（孝高）還提出以金錢「使東人為荊、聶

---

44 孫寶瑄：《日益齋日記》，引自丁文江、趙豐田編：《梁啟超年譜長編》，第197-197頁。

45 梁啟超：《上粵督李傅相書》，林誌鈞編：《飲冰室合集‧文集之五》，第55-63頁。

46 1900年6月17日《與港澳同人書》，丁文江、趙豐田編：《梁啟超年譜長編》，第197頁。康有為《唐烈士才常墓誌銘》稱：「于時李文忠失督粵，喪權位，三令人促吾舉兵」（湖南省哲學社會科學研究所編：《唐才集》，第266頁）。從當時情形看，李鴻章與革命黨有所聯繫，而保皇會雖有利用之心，敵意更甚。

47 丁文江、趙豐田編：《梁啟超年譜長編》，第217頁。

之說」，企圖利用日本人實現其夙志。梁啟超認為：「似此勝於用吾黨人」，「此事大佳，望助成之。」[48]敦請康有為撥款援助。[49]

保皇會的暗殺重點隨軍事行動南移，與之關係密切的唐才常等人，則以長江流域為主要用兵之地，關注重心仍在北方清廷。正氣會成立後，長江一帶的革新志士與哥老會群集麾下，唐才常赴港領取新加坡僑商邱菽園所贈三萬元資金，準備大舉起義，率會黨徒眾發難於江淮，「一舉而屠南京，再舉而略武昌」，據長江之險，以號令天下。為了配合這一行動，請日本人田野桔次率海賊三十餘人，「期於正月之祝節殺北都西太后，並逐盡所有奸人。」[50]出發前田野忽患重病，不能成行，改由正氣會幹事員沈藎代理。沈素持破壞主義，不屑於文字小道，在正氣會中，主持一切交通事務。一八九九年十一月下旬，他與林圭、田野等人由滬赴湘，準備以辦學堂開報館之名運動會黨。後因白岩龍平、宮阪九郎、荒井甲子之助等人反對，滯留漢口。

正氣會成立前，沈藎「以事返上海，又蹈隙往北京，有所謀。」[51]所謀之事，應為主持行刺。梁啟超接到沈藎、唐才常、狄平等人來信通告此事後，表示：「讀誠〔誠〕兄書為起舞。吾固知行菩薩行之人，絕不住聲聞觸覺地位矣。能流血之人，此間同胞非無之，但涉數萬里而歸，所費未免太大，而情形又不甚熟，故未遣之耳。風蕭蕭兮易水寒，弟甚願東向遙浮一大白，祝君之成也。」[52]然而，沈藎此行

---

48 1900年4月12日《致南海夫子大人書》，丁文江、趙豐田編：《梁啟超年譜長編》，第220-222頁。

49 1900年4月23日《致南海夫子大人書》，丁文江、趙豐田編：《梁啟超年譜長編》，第231頁。

50 田野桔次：《最近支那革命運動》，第20-21頁。

51 黃中黃：《沈藎》，中國史學會主編：《中國近代史資料叢刊‧辛亥革命》（一），第290頁。

52 1900年3月28日《覆誠忠雅三君書》，丁文江、趙豐田編：《梁啟超年譜長編》，第

亦未奏功，及至漢口事機急迫，應唐才常之命返鄂。自立軍兵敗，沈
藎僥倖得免，遂再入京師，結交宮禁權要，密謀入宮行刺西太后和光
緒，不幸事泄身殉。[53]

## 三　再向京師

漢口自立軍未起先敗，保皇會的兩廣謀略草草收場，勤王運動雷
聲大雨點小。經此一役，康有為以黨人「株連死者無算」，「自後不敢
言兵」[54]。面對草堂弟子和海外保皇會員的一片言革之聲，他頑固地
堅持保皇路線，至於如何保救光緒，則除了以「待時聽天」[55]為託詞
外，唯一的實際行動就是暗殺。他致函各地保皇會員，反對分省自立
和革命撲滿，認為「今日欲得民權、自由，欲保中國自立」，「全在除
榮祿、李、崔三大毒，中國即可救矣。吾國人應全力注此，則於此三
毒何難去之？乃同人不知辦事之法，遠言撲流〔滿〕而不合力攻榮。
今望同志之人盡力設法，去此三毒。而皇上復辟，則全中國真自立，
同人有自由之樂矣。若三大毒未除，皇上復辟尤〔猶〕有待，恐為三

---

209頁。據杜邁之、劉泱泱、李龍如輯《自立會史料集》，「誠」應為「諴」（第342
頁），沈藎字克諴。

53 趙必振：《沈藎略傳》，杜邁之、劉泱泱、李龍如輯：《自立會史料集》，第259頁。

54 康有為：《唐烈士才常墓誌銘》，杜邁之、劉泱泱、李龍如輯：《自立會史料集》，第
221頁。

55 《徐勤致康有為書》，上海文物保管委員會編：《康有為與保皇會》，第201頁。1900
年8月11日和1901年1月7日，康有為兩度致函女兒同薇同璧，告以「頃穗寄來一
（得晉）占卦，有『受茲介福，于其王母』，可謂奇極，此實為上復辟地也。兩年
僅望visitering此。」「穗田占一卦言：上明年必復位，那拉必絕。」（上海文物保管委員會
編：《康有為與保皇會》，第177、190頁）穗即保皇會澳門分會會長何廷光，其字穗
田，好占卦問卜。

毒暗算。我同人可不合大群，務以除之以救我皇上乎？」[56]他告誡弟子：「若皇上復辟，則自然而得之，不待兵乎。若必用革命軍起，則各省各府各縣人人各起，誰肯相下。吾四萬萬人自相屠毒，外國必借名定亂而入取吾地。」「今四境無事，勤王亦不能起。若聖主猶存，天命尚在，豈可言革。但一榮祿在，除之即可復辟。與榮一人戰，抑與全國戰，孰為難易乎？不待言矣。」[57]鋒芒所向，仍在榮祿。康有為家仇國恨集於一身，聲稱：「榮祿乎，此在中國則為國賊，在我則為不共戴天之仇。每念幼博輒為心痛，自恨無才無勇不能剚刃之。如言不殺者，吾即以榮祿視之，無論何人不必言此。」[58]

　　為除大毒，保皇會投入大量人財物力。梁啟超自一九〇一年五月回到日本，到一九〇三年初，年餘時間，用去萬七千餘金。其中自用不及三千，其餘均用於派人北行、援助張學璟等赴廣西運動會黨等事。[59]庚子後，邱菽園與康有為絕交，保皇會失去重要財源，加上康堅持不肯言革，謹守保皇二字，在「無一人不言革命」[60]的海外各埠難以開展活動；華僑又風傳康門師徒侵吞挪用捐款，使保皇會的募捐活動陷於停頓，財政十分拮据。梁啟超倚靠《新民叢報》進款，維持橫濱保皇會事務，彌補三藩市《文興報》和檀香山《新中國報》的虧損，供應康有為日用，「以一人之力而供一黨之用」，「為作文字，輒數夜不寢，太過勞苦」，依然入不敷出。其餘黨人如張學璟等，也因

---

56　《致李福基葉恩書》，方志欽主編，蔡惠堯助編：《康梁與保皇會——譚良在美國所藏資料彙編》，第41頁。

57　1902年6月3日《致羅璪雲書》，上海文物保管委員會編：《康有為與保皇會》，第158-159頁。

58　1903年1月11日《康南海與任弟書》，丁文江、趙豐田編：《梁啟超年譜長編》，第300頁。

59　1903年4月1日《與勉兄書》，丁文江、趙豐田編：《梁啟超年譜長編》，第318頁。

60　《徐勤致康有為書》，上海文物保管委員會編：《康有為與保皇會》，第200-201頁。

此而「家已破盡」。[61]

壬寅、癸卯間，梁啟超受時局感召以及保皇會面對內外種種非議的刺激，自愧向華僑籌集鉅款而未能做成一二實事，「恨不得速求一死所，轟轟烈烈做一鬼雄，以雪此恥」，因而革命言論「時時出沒於胸中」。[62]他直言以對康有為：「今日民族主義最發達之時代，非有此精神，絕不能立國，弟子誓焦舌禿筆以倡之，絕不能棄去者也。而所以喚起民族精神者，勢不得不攻滿洲。日本以討幕為最適宜之主義，中國以討滿為最適宜之主義。」表示要與恩師「以愛國同歸而殊途，一致而百慮。」在康有為嚴詞斥責下，仍然堅持道：「弟子今日若面從先生之誠，他日亦必不能實行也。」繼續在《新民叢報》上宣傳反清，並以黨人公論抵制康有為的一己私見。[63]

一九〇二年十一月，經康有為長函痛罵，並稱因其「言革之故，大病危在旦夕」，梁啟超才勉強覆電，佯稱悔改，「實未棄其主義也，不過迫於救長者之病耳。」公開場合雖不明言革命，私下交談仍持此義，「深信中國之萬不能不革命」[64]「中國實捨革命外無別法，惟今勿言耳。」[65]因此，他一反前此熱烈鼓動暗殺的態度，對康有為等人的密謀一再提出異議。他借狄平之口表示懷疑是否有必要傾全力對付一個老朽榮祿。[66]康有為以榮祿的生死去留為光緒復位、新政再舉的關

---

61 1903年2月16日《高山致康有為書》，上海文物保管委員會編：《康有為與保皇會》，第217頁。

62 1903年11月18日《與夫子大人書》，丁文江、趙豐田編：《梁啟超年譜長編》，第332頁。

63 《與夫子大人書》，丁文江、趙豐田編：《梁啟超年譜長編》，第286-287頁。

64 1900年4月15日《與勉兄書》，丁文江、趙豐田編：《梁啟超年譜長編》，第320頁。

65 1900年4月1日《與勉兄書》，丁文江、趙豐田編：《梁啟超年譜長編》，第318頁。

66 1903年1月11日《康南海與任弟書》，丁文江、趙豐田編：《梁啟超年譜長編》，第299-300頁。

鍵，梁啟超則認為：「滿廷之無可望久矣，今日日望歸政，望復辟，夫何可得？即得矣，滿朝皆仇敵，百事腐敗已久，雖召吾黨歸用之，而亦絕不能行其志也。」[67]絕望於清政府，使之決心推翻滿清，除舊布新。只能決定幾個老臣生死的暗殺，當然不能滿足這種徹底變革的願望，甚至對光緒能否復辟，也已失去興趣。

一九〇三年，保皇會刀光劍影所向的頭號大敵榮祿病死，康門師徒憑藉天意而感到「誠足使吾黨一吐氣」，以為復辟在望，暗殺鋒芒轉向李蓮英和鎮壓漢口自立軍的禍首張之洞，而側重有所不同。康有為指示華僑上書《請歸政復辟》，「以榮祿死後，事情迥異，皆為吾會先聲，不可不上。今日只余李聯〔蓮〕英一人，尚不得不用舊法，想喻之也。」[68]梁啟超則認為：「元兇既去，天日昭蘇。現在與新黨為仇者，僅餘一張之洞耳，想天奪其魄亦當不遠矣。然榮祿之權遠在張賊之上，榮既去，張亦無從橫恣也。佇看聖主復辟之日在本年矣。」[69]澳門和日本的保皇會機關開始籌畫刺殺張之洞，當時尚在遊歷新大陸的梁啟超聞訊，認為：「及今謀去皮逆，自是正辦。」但他不贊成澳門方面用金錢買死士的做法，主張「由其人之熱心肯自奮身前往」，對日本同志中有謀此事者頗為關注，打算東歸後參與籌畫[70]。

美洲歸來，梁啟超宣稱放棄破壞主義及革命排滿宗旨，同時也對康有為「捨錢買俠士」的做法提出批評，認為：「其人必不可用，故力不主張。」他將保皇會「數年來供養豪傑之苦況」比作「孝子之事父母」，「狎客之奉承妓女然」，「日日下氣柔聲，……稍拂其意，立刻

---

67　《與夫子大人書》，丁文江、趙豐田編：《梁啟超年譜長編》，第286頁。

68　《致李福基書》，方志欽主編，蔡惠堯助編：《康梁與保皇會——譚良在美國所藏資料彙編》，天津古籍出版社，1997年，第54頁。

69　《致貴埠列位同志兄書》，方志欽主編，蔡惠堯助編：《康梁與保皇會——譚良在美國所藏資料彙編》，第107頁。

70　1903年9月1日《與穗田二兄書》，丁文江、趙豐田編：《梁啟超年譜長編》，第324頁。

可以反面無情。」「數年之山盟海誓，一旦床頭金盡，又抱琵琶過別船矣。」他揭露康有為當時所招「林俠」者，「數月不往，惟日日揮金如土，致使先生苦於供養」，指「用錢以購人之死力」為「最險最拙之謀。」同時聲明：「弟子之沮是議，非沮其宗旨也，沮其手段也。虛無黨之為此也，皆黨魁自為之。今黨魁既不能為，欲仰仗於下等社會之人，以數萬金冀飽其溪壑，弟子所不敢附和矣。」[71]隱約批評了康有為的行為，並反對將教育捐款挪作秘密活動經費。徐勤也表示：「今日中國欲行荊、聶之事（本是第一要事），苦無其人」，提醒康有為：「今日外人皆存一利用吾黨之心，除了騙錢之外，無他事。故不可不慎之，免蹈庚子故事也。」[72]

兩位副會長異口同聲的反對，迫使康有為不得不調整布署，放棄招誘死士之法，啟用黨人擔任暗殺之責。一九〇四年秋冬，他請老友梁鐵君出面主持，挑選本黨精英執行暗殺行動。梁名爾煦，南海佛山人，故鴻臚寺少卿梁僧寶從子，身材長大，講王學，好讀書擊劍，有古俠士之風，康有為對其十分推崇，曾詠物「惜其才俠不見用也」。[73]他與康有為相識二十年，曾在梧州辦鹽埠十年，助其兄發財廿萬。聞康有為有難，則棄其鹽席每年千六百金，奮起勤王，跟隨康有為到日本，負責護衛。又隨往南洋等地，康有為「益服其才，同人無比。與居數年，聽其論商務稍得，真可佩服，而又操多□介，既殷實，久於商場，年將五十，見識蓋大，閱歷最深。各埠人才固多，而□僕所深知深信，人才商才，最服此公。其為保皇會中事累年始終□□。但此

---

71 1903年11月18日《與夫子大人書》，丁文江、趙豐田編：《梁啟超年譜長編》，第332頁。

72 1903年10月26日《徐勤致康有為書》，上海文物保管委員會編：《康有為與保皇會》，第231頁。

73 《詠柚贈鐵君》，陳永正編注：《康有為詩文選》，廣州，廣東人民出版社，1983年版，第114頁。

公好辦事而不好虛名」。[74]由他親自出馬，可見保皇會決心之大。陳默庵、梁炳光等亦隨同前往北京，兵分兩路，由梁鐵君親率一枝，梁炳光等為一枝，合力辦事。按照擬定的計劃，以西太后為目標，到次年五月下手行動。此舉在康有為是盡力一搏，梁啟超則有到此為止之意。他說：「至此次以如此之布置，如此之人才，實有可以成功之道，不成則真天亡中國而已。」[75]

然而，保皇會雖有赴死之心，卻無致勝之道，梁鐵君化名吳道明，潛入京師，結交太監馮仲平、金蔚九、姚煥卿、王漢章等人，與內廷溝通消息，一面掌握光緒的起居安危，救其脫困，一面了解慈禧的行蹤，伺機下手。因清廷防範嚴密，在京活動頗為困難，計劃不得不一再推遲。梁鐵君曾函告康有為：「此刻漸漸運動，以祁交通，必能辦到妥治。惟自昨年八月後，門禁加嚴，內裡人概少出來，即朗秋至今未見王漢章、姚煥卿面矣。獨太醫院內務府兩路能常通消息耳。蔚九在內，有事則以德律風告我。若有要緊事必知之。」[76]

在梁鐵君北上的同時，康有為的同高祖兄弟康有儀致函梁鼎芬，揭發保皇會的密謀：

> 今查該逆果派人入京開行店，以便入北之人小住，候隙行事。雖然查無兇器，不得為據，然亦有其謀為不軌之人之字跡，可為其人之據者。亦有確是其黨人，若其形跡可疑，即捉之以訊問，再恐之以必直攻，然後許爾超生，則其的是凶人，及兇器

74　《致葉恩徐為經等書》，方志欽主編，蔡惠堯助編：《康梁與保皇會——譚良在美國所藏資料彙編》，第51-52頁。

75　1903年11月11日《與夫子大人書》，丁文江、趙豐田編：《梁啟超年譜長編》，第344頁。

76　蔣貴麟：《烈俠梁鐵君謀刺那拉氏致康南海先師書》，蔣貴麟編：《萬木草堂遺稿外編》下，臺北，成文出版社，1978年版，第781-782頁。

必有在也（凡今年廣東及西省之人，在京裡所開一切店鋪，不論何樣生意，與在要路擺賣小生意者，與太監之飲茶館，必有逆黨在其間）。……儀屢欲將前情，刊之報章以自明。惟此事一揚，則前後入京之刺客有備，無從搜捕。二則逆黨費多年之苦心，欲達其志，今一旦為人敗露，又此事早為儀所知，今為反對（儀不就其席之故），宣洩其事，其不置儀於死地者幾希。

他還隨函附上梁鐵君光緒二十五年中秋節致康有為的一封密函，於函末批註道：「熙是鐵君之名，佛山梁性霞甕之弟也，其映片五張之原字底，曾寄岑督辦。」並開列了「入京運動人之通行姓名」。[77]

一九〇六年八月八日，梁鐵君遭人告發被捕，解往北洋嚴訊。[78]戴鴻慈等人曾設法保救無效，據說袁世凱擔心「案移刑部，烈俠口供，涉及戊戌政變前康袁交往，故殺以滅口」[79]，於九月一日密令暗

---

77 孔祥吉：《晚清史探微》，成都，巴蜀書社，2001年版，第216-226頁。

78 關於梁鐵君被捕日期，一九〇六年十月十七日徐勤致譚張孝書稱：「鐵公十九被逮」（方志欽主編，蔡惠堯助編：《康梁與保皇會——譚良在美國所藏資料彙編》，第138頁），當為六月十九，即八月八日。孔祥吉《暗殺慈禧志未遂之梁鐵君》引唐烜日記：「光緒三十二年七月初二日，聞近日內外城各拿獲逆犯一名，已解往北洋嚴訊矣。該犯供稱係由康南海主使，來京謀刺。」（孔祥吉：《晚清佚聞叢考——以戊戌維新為中心》，成都，巴蜀書社，1998年版，第70-71頁）該書未注明此項資料的來源。至於其被捕詳情，孔祥吉文指由於袁世凱的密探楊以德跟蹤盯梢，梁鐵君的形跡逐漸暴露，被官府乘隙於更深人靜時潛入居處抓捕，並查獲與保皇會往來函件等物證，坐實身份。光緒三十一年十一月梁啟超致康有為函稱熊希齡言，係由一店伴告發（丁文江、趙豐田編：《梁啟超年譜長編》，第367頁）。前引一九〇六年十月十七日徐勤致譚張孝書則稱：「梁鐵君先生為他人所陷，誣以革命黨，故被捉。彼直認吾黨人，特派彼到京打探皇上消息者。」

79 蔣貴麟：《烈俠梁鐵君謀刺那拉氏致康南海先師書》，蔣貴麟編：《萬木草堂遺稿外編》下，第778-781頁。康有為後來稱梁鐵君「罵袁世凱被毒死」（《康南海先生墨蹟》，中國史學會主編：《中國近代史資料叢刊·戊戌變法》（一），第419頁），伍憲子《中國民主憲政黨黨史》亦稱係袁世凱主謀，與下引梁啟超致康有為函的說法出入較大。

中下毒，將梁鐵君鴆殺於囚室。

　　梁鐵君等開始籌備之時，保皇會的財政仍十分拮据，加上內部矛盾重重，彼此掣肘，不能同心協力予以援助。原計劃以半年為期，最省之費約需一萬元。梁啟超罄《新民叢報》所有，為其充作旅行費，並許諾一月後陸續接濟，其實已經「一文無存」，只是顧及「苟不許之，則令辦事人寒心也。」他致電香港王鏡如、鄺壽民等告借五千元，卻被拒絕，只得將廣智書局所屬地皮部分出售，以救燃眉之急，並託康有為向加拿大僑商葉恩求助。但葉恩不滿於康固守保皇，傾向於革命自立，雙方因嫌生隙。梁啟超對「今日騎虎難下之勢」大為焦慮，既「並一擲之力而無之」，「彷徨而不之所出」，又擔心「九仞之功，虧於一簣，前此費去爾許鉅款，同歸烏有，更何以對天下乎？」[80]此後梁鐵君一再延期，前後耗資數萬元，更令保皇會捉襟見肘。行動失敗後，康、梁雖然對「鐵老竟為我而死」感到「痛斷欲絕」[81]，但慶幸「於吾黨前途無甚窒礙」，「不以此牽及全域，尚不幸中之幸也。」[82]反倒像是卸下了一個費力不討好的大包袱。

　　天緣巧合，梁鐵君暴斃之日，清廷頒發上諭，宣布「仿行憲政」，令保皇會的流血犧牲有了象徵性的成果。從此，保皇派將主要精力轉向推進憲政，又與一些當朝權貴暗中交結，企圖利用清政府的內部矛盾改善境遇，連袁世凱也在拉攏之列。其實，梁鐵君被捕之前，已經意識到形勢發生變化，認為「今日事不必為駱賓王，寧為狄仁傑耳。前事切勿重提，但祈成功，何論辦法」，開始改變策略，實

---

80　1903年11月11日《與夫子大人書》，丁文江、趙豐田編：《梁啟超年譜長編》，第344頁。

81　1906年9月29日《康南海致麥曼宣書》，丁文江、趙豐田編：《梁啟超年譜長編》，第366頁。

82　《與夫子大人書》，丁文江、趙豐田編：《梁啟超年譜長編》，第367頁。

行所謂「辦官」，即捐官和交遊官場。其致康有為函殘稿稱：

> 仲平與書田均勸我捐官，彼有道路，為我想法，可得好處云
> 云，蓋書田與老醇王至好，……小醇王是其世誼矣。如大總管
> 皆相信，極密誼，溥同與其常來往，認識內廷人貴人最多。仲
> 平勸我必要歸宗為是，書田亦然，且談起戴鴻慈有親誼，及家
> 叔伯□等，書田勸我當用本宗，好交遊，易辦事也。王漢章上
> 之至親信，醇王濤貝勒，上之胞兄弟，皆可以在書田處結交。[83]

被捕的前一天，梁鐵君還致函同黨，「云此後切勿亂動，京中大
老無人忌長者矣，從此和平辦去，則開復之期不遠矣。」保皇會覺得
「謀事在人，成事在天，奈何，奈何！今日只有篤守鐵公遺言，一面
專辦實業，一面專派遊學，才、財已足，則政黨之基立矣。吾勢力既
足，政府不能不用我也。」

梁鐵君之死引起的連鎖反應，令保皇會感到得不償失，「鐵公為
吾黨第一運動家，今遭不測，實為可痛！且因此生大阻力。端方與榮
慶商量，請開復卓如，因此事，故不果。趙爾巽與端方擬在京開日
報，特聘狄楚青主持，今因此，又不能北上矣。麥孺博亦因此不往東
三省。故此事之變，同人謂『小戊戌』，誠哉，誠哉！」[84]不僅如此，
保皇會還懷疑梁鐵君之死為革命黨陷害，卻認真凶袁世凱為幫忙的同
道。梁啟超致康有為函稱：「鐵事是否紫陽所構，今尚難斷定，然據
秉三言，確是一店伴告發，似未必由紫陽也。然此人在都，真是心腹

---

83 蔣貴麟：《烈俠梁鐵君謀刺那拉氏致康南海先師書》，蔣貴麟編：《萬木草堂遺稿外
　 編》下，第783頁。
84 1906年10月17日徐勤致譚張孝書，方志欽主編，蔡惠堯助編：《康梁與保皇會——
　 譚良在美國所藏資料彙編》，第138頁。

大患，啟超亦憂之久矣。雖不必為中山所用，然終為我敵則一也，今
當留意圖之。但鐵事確於吾黨前途無甚窒礙，此事（少懷抗言保之，
甚可感）本初極能回護，令都中人若無其事者，……先生言欲寫信與
本初或菊人，大可不必，本初他日不憂其不聯我黨，惟彼現在當畏讒
憂譏之時，宜勿授反對黨以口實，更至生他障也。」[85]加上保皇會表
面奉行和平手段，海外宣傳及募捐均以商務、教育為名，不能大筆挪
作秘密活動之用。為避免空耗人力財力，影響全域，此後保皇會不再
組織對清朝權要的暗殺。

## 四　漸入下流

　　保皇派進行暗殺的目的，先是促成光緒復辟，繼而作為勤王輔
助，其中不免夾雜個人的復仇情緒和冒險取勝的僥倖心理。後來康有
為企圖建立和保持正人君子的形象，強調以德服人的精神感召力，千
方百計地隱晦當年的種種密謀。金梁「嘗以兵劫頤和園事問康南海，
怫然曰：『烏得有此？我朝以孝治天下，小臣面對，誰敢妄言！此皆
榮、袁輩不學無術，藉危詞以邀權勢耳。』」[86]保皇會庚子勤王運動的
重心在兩廣，漢口自立軍不過是偏師，康有為卻故意抬高漢口為正
軍，掩飾其在兩廣結納江湖豪強，「從草澤而與朝廷抗，又陰之陰
者」[87]的事實，以推卸辦事無能的責任，維繫「絕不驚動故鄉」[88]的

---

85　丁文江、趙豐田編：《梁啟超年譜長編》，第367頁。

86　金梁：《四朝佚聞·德宗》，中國史學會主編：《中國近代史資料叢刊·戊戌變法》
　　（四），第221-222頁。

87　1900年6月27日《致徐勤書（二）》，上海文物保管委員會編：《康有為與保皇會》，
　　第134頁。

88　《康有為致丘菽園書》，轉引自湯志鈞：《自立軍起義前後的孫康關係及其他》，《近
　　代史研究》1992年第2期。

謊言,將「驚粵」罪責推給興中會。對於自己一手策劃的暗殺活動更加諱莫如深。在一九二四年初所撰《唐烈士才常墓誌銘》中,他特意寫了如下一段文字:

> 先是,林圭網羅俠客,有四人已登督署屋瓦。吾電止之,謂吾黨欲效日本義士之脅薩摩、長門侯,藉其力勤王,宜大義於天下,非欲除之,嚴戒勿行。[89]

林圭是否有此布署行動,不見於其他有關資料。而避居新加坡的康有為,由於港澳總局溝通不暢,連兩廣的情況也往往無從揣測,更難顧及漢口;況且遠在千里之外,當時再現代化的通訊工具也不能阻止已登屋瓦的刺客下手。更為重要的是,康有為非旦不反對暗殺,還以此為重要手段。在保皇會為勤王運動所制《辦事軍情暗碼補》中,赫然寫有「著△△人行刺△△人」[90]一條。二十四年後康有為欲蓋彌彰的障眼法,恰好表明他有意掩蓋歷史真相另有目的。

康有為有謀無勇,缺乏膽實,很不適應相互仇殺所造成的緊張氣氛。亡走香港,去向未定之際,一聽說李盛鐸取代黃遵憲任駐日公使,立即敏感到「這是事先估計我將去日本而採取的行動,他們的本意實際上是要殺害我。」因而不敢前往日本。擔任救援的宮崎寅藏斥責「康門弟子何其膽小,假如老師不幸命喪刺客之手,你們就應該代他完成遺志,否則就只有和老師困守在這兒,終生無所作為。」[91]指學生而罵先生,才使康有為下定決心。勤王運動中,素來敬仰康為人

---

89 杜邁之、劉泱泱、李龍如輯:《自立會史料集》,第221頁。
90 上海文物保管委員會編:《康有為與保皇會》,第549頁。
91 宮崎滔天著,佚名初譯,林啟彥改譯、注釋:《三十三年之夢》,第138-139頁。

的加拿大華僑函責其「有救世之力，而無救世之勇。」[92]邱菽園更以「文筆之徒，不足與相語」[93]而斷然與之絕交。

　　保皇會的暗殺行動成效甚微，沒有對清政府產生多大的震懾力，而由此造成的雙方劍拔弩張反倒令康有為本人杯弓蛇影。為了防範清廷加害於己，除梁鐵君外，他又從華僑派歸的精壯中挑選衛士，並對弟子們將衛士名額定為一人大為不滿。[94]在新加坡等地，還要求殖民當局派兵保護。有時竟疑及同道。一九○○年六、七月間，因為前此孫中山確實參與劉學詢的除康密謀，而宮崎寅藏等人到新加坡之前又在廣州與劉學詢密談，使得康有為疑心大起，將奉孫中山之命前來接洽合作事宜的宮崎寅藏等人指為清廷刺客，聳動殖民當局將其逮捕下獄，導致孫、康最終決裂。一九○六年梁鐵君北京密謀失手，康有為也懷疑是孫中山一派的構陷。[95]政壇角逐誠非坐而論道可比，但品格也有高下之分。相比之下，康有為往往以小人之心度人，種種文過飾非，嫁禍栽贓的言行，足以顯示當他捲入政治鬥爭漩渦中心時，恰恰缺乏光明正大的「聖人」品格。

　　庚子以後，康有為逆流而動，堅決反對革命，倒是真的成為熱血青年的行刺對象。一九○三年六月一日，《蘇報》在由愛國學社青年接辦後改良出刊的第一號上，便刊登論說《康有為》，公開透露這一信息：

　　　　天下大勢之所趨，其必經過一躺之革命，殆為中國前途萬無可

---

92　黃宇和：《三位流亡的理想主義者：容閎、康有為與孫中山》，《國外中國近代史研究》第12輯。

93　田野桔次：《最近支那革命運動》，第113頁。

94　1900年7月《致徐勤書》，上海文物保管委員會編：《康有為與保皇會》，第148頁。

95　《與夫子大人書》，丁文江、趙豐田編：《梁啟超年譜長編》，第367頁。

逃之例。康有為必欲為革命之反動力，則當今蚩蚩之輩何所增減於一有為，特恐天下之激徒，將援先生所說春秋責備賢者之法，欲得剚刃先生之腹而甘心焉。方今暗殺之風正在萌芽，乃一試其鋒者，不在反對螫毒之政府疆吏，而在為德不卒、認賊作子、維新首功之康有為，此亦無可奈何之事。

當時真有準備行刺康有為之人。據陳少白稱：

1903年蘇子谷到香港《中國日報》社，一日，忽向陳借用手槍，問他原委，他說要去槍殺康有為。原來湖南、湖北哥老會首領金龍山堂龍頭楊洪鈞，騰龍山堂龍頭李雲彪，前因唐才常勤王軍事失約接濟，流落香港，貧病交迫，知道康有為向華僑籌有鉅款，回港居住，大肆揮霍，交接英吏，於是到康寓，請求接濟。怎知康有為不特不接見，反而嗾使守門的印差強把楊、李驅逐。楊、李心甚憤恨，把事情經過，告訴少白。少白給他們一些款去療養醫傷。再過幾時，楊、李重到康寓理論，也給英兵印差無理毆傷，大動公憤，理論到華民政務司處。結果，康有為因此事也要離港，……但當楊、李被康寓門警毆傷受辱的消息，傳入子谷的耳鼓後，這位沉默寡言萬事不理的蘇子谷，忽然義憤填膺，要去槍殺康有為，替國家社會清除奸慝，為革命志士舒一口氣。少白勸他不要這樣妄動，因為手槍是有槍照，絕對不能借給他人。要是有事故發生，領照的和擔保領照的，都要負直接責任，故無論如何，不能夠借用。至於康有為的悖謬，只好另想辦法去對付他。而且香港地方狹小，警探四布，如果發生暗殺案件，兇手也難逃脫。子谷聞著，才

半響無話，最後長歎一聲，來結束了之這一段借槍談話。[96]

　　保皇會暗殺活動的歷史，還為後來的一樁懸案提供了一點旁證。一九〇九年五月，由廣西地方官紳與保皇派合力舉辦的振華實業公司負責人劉士驥在廣州遇刺身亡。是年舊曆七月，該公司的另一負責人劉義任又被毒殺於廣州。有關此事的主謀真凶，聚訟紛紜，迄無定論，而以康、梁、徐勤等人的嫌疑最大。[97]當時他們力辯與已無關，將罪責推給歐榘甲、葉恩等反叛派。進而又將殺劉與徐錫麟刺恩銘案相比照，羅織歐、葉等合謀造反的證據，指暗殺為革黨手段。不僅嫁禍於人，而且牽及無辜。儘管現有史料不足以定案，但暗殺確係保皇派的慣技，康有為也不乏栽贓陷害的前科。早在庚子前，康有為就因畢永年於報章上播揚其陰謀而銜恨至深，「欲得而甘心焉。嘗使其徒某在港澳一帶地覓亡命，曰：『有能刺殺畢者，以五千元酬之。』」[98]企圖以暗殺加諸昔日的同道。自立軍失敗後，風傳由汪康年、龍澤厚洩密，徐勤也試圖毒殺之。[99]如果劉士驥案確係徐勤等人所為，那麼

96　陸丹林：《革命史譚・蘇曼殊蓄意槍殺康有為》，榮孟源、章伯峰主編：《近代稗海》第1輯，成都，四川人民出版社1985年版，第632-633頁。

97　賀耀夫：《康有為與振華實業公司》，《嶺南文史》1989年第1期；趙立人：《劉士驥與振華公司血案》，劉聖宜主編：《嶺南歷史名人研究》，廣州，中山大學出版社2002年版，第177-224頁。賀文結論有所保留；趙文引證豐富，惟略有過信一面之嫌。

98　民表：《畢永年傳》，杜邁之、劉泱泱、李龍如輯：《自立會史料集》，第230頁。

99　1900年11月26日康有為致函邱菽園言及此事：「此事全由汪康年之洩，或以為出邱震來，硬坐東文學社，考察蹤跡，故致淺露。」「唐、狄皆未告龍，今亦何由知？亦不過與邱揣摩耳。」「大通之舉，固有以召汪疑，今或人以疑龍耳。僕向來聞一事及他人所言，必暫存案，待行查而後定之。但未得確，亦不與辦。頃得信，乃知勉欲毒之，真謬甚謬極！如勉一聞人言，而怒甚欲殺人，真鹵莽也。」（杜邁之、劉泱泱、李龍如輯：《自立會史料集》，第330頁）1900年11月26日康有為致函譚張孝，亦稱：「漢事之敗，由汪康年一人之洩。而誅死數千人，慘不可言！」（方志欽主編，蔡惠堯助編：《康梁與保皇會——譚良在美國所藏資料彙編》，第29頁）

保皇派的暗殺活動就隨著它在政治上的倒退，而入於下流了。

揭示保皇會的暗殺活動所得到的啟示是，以激進青年為主體的革命黨固然崇尚暴力流血，開明士紳受民重君輕觀念的薰陶和天下己任抱負的激勵，在一定條件下也會採取起義暗殺等暴力手段，來謀求實現救亡振興大業。在這方面，近代西方革命史實與下層社會暴動雖不無影響，但更值得注意的是，傳統紳權既有接續官權傳導皇權的功能，又有代表民意制約皇權的責任。一旦朝廷官府置國家社稷的興亡安危於不顧，士紳便會起而代行社會主導職能。如果面對高壓，他們更不惜兩害相權取其輕，利用自己與秘密會社的聯繫（其首領往往是下層士人），從草澤以抗朝廷。鬥爭形式與手段，不足以作為政治派屬的分界標準。誠然，歷史上士紳的此類越軌行為仍屬例外，但這種例外現象每當內憂外患之際又總是循例發生，形成常規通則。清末只是增加了廢皇權與民權的選擇。

此外，先秦以來的游俠風尚，早已化為士林性格的有機成分，荊柯、聶政更是無數少年風靡崇拜的偶像。一九〇五年梁啟超編撰《中國之武士道》一書，起曹沫，訖李廣，並準備續編至張汶祥，傳列歷代名將俠客。其用意不僅「為學校教科發揚武德之助」[100]，更隱含為保皇派的暗殺活動尋找合理依據之意，以證明它與正統士風的契合。當然，聖王之道畢竟兩歧，保皇派只好在致聖的幌子下，大行爭霸之道。只是他們缺乏這方面的人才功力，沒有值得炫耀的業績，不得不避諱遮醜罷了。

---

100 梁啟超：《〈中國武士道〉自敘》，《飲冰室文集》乙巳本，談叢類，第114頁。

# 第五章
# 早期留日學生社團與活動

　　關於早期留日學生的社團與活動，長期以來，主要依據馮自由的
《革命逸史》等回憶資料，未能與其他文獻映證考校，甚至回憶錄中
的自相牴牾之處也未加辨正，以訛傳訛之事不少。受此制約，有關的
分析評價難以做到信而有徵。這種史實與結論的誤差，從以下數則考
訂可見一斑。

## 一　發端新探

　　一八九六年六月十五日，清政府駐日本東京的公使館裡，出現了
十三位長袍馬褂、腦後垂辮的中國青年。這件事後來被視為中日文化
交流史上重要的轉捩點。[1]著名的日中文化交流史前輩學者實藤惠秀
先生在其開拓性著作中，首先把它定為近代中國人留學日本的發端。
此後幾乎所有研究留日學生史的學者都接受這一看法或與之不謀而
合。儘管有的著作將此事與清政府確定留日國策區別開來，並且分析
了一些背景情況，但仍然承認其發端地位。[2]

---

1　這批學生到日本的時間，實藤惠秀《中國人留學日本史》（實藤惠秀著，譚汝謙、
　　林啟彥譯，北京，生活・讀書・新知三聯書店，1983年版）記為舊曆三月底，而清
　　駐日公使裕庚在向總理衙門呈報的《第一次收支各款清單》中，則指明光緒二十二
　　年五月初五（1896年6月15日）為「到東之日」。舊曆三月間總理衙門僅根據裕庚來
　　函，奏准招收學生送至日本學校學習，尚未實際選送。

2　參見商衍鎏《清代科舉考試述錄》（北京，生活・讀書・新知三聯書店，1958年

　　然而，究竟以何時或什麼標準定為留日學生發端更為妥貼，並非沒有疑義。這一問題至少牽涉到四個方面的關係，其一，它標誌著中日文化交流史上主要流向的逆轉。在茫茫大海的古老航道上，過去是運載日本學問僧的帆船駛來大唐，現在卻是中國學生搭乘郵輪開向扶桑。其二，它是中國人留學日本的正式發端，在近代中國留學運動史上具有劃時代的意義。其三，它顯示了甲午戰後中日關係的變化，表明在戰爭中失敗的一方認識到向戰勝國學習的重要性與必要性，從而揭開中日關係史上新的一頁。其四，它是近代中國向外國學習進程中的一個界標。派遣留日學生及其隊伍的膨脹，使得中國人學習西方不僅主要轉向以日本為媒介，而且越來越帶有東方色彩，表現出開眼看世界視野的拓展。在確定留日學生運動發端時，應當從以上幾方面通盤考察。實藤先生正是想指出這些意義，在《中國人留學日本史》一書中引述了日本輿論界的有關評論。可惜所引《太陽》雜誌的兩篇文章，都是一八九九年後的作品，不能說明一八九六年這十三位中國青年出現於日本所引起的反響，以及這一事件的性質和意義。

　　這十三位青年是：唐寶鍔、朱忠光、胡宗瀛、戢翼翬、呂烈輝、呂烈煌、馮閶模、金維新、劉麟、韓籌南、李清澄、王某和趙某。清政府何以要派遣這些學生東渡？事情還要追溯到中國向日本派駐公使之始。

　　一八七七年，清政府任命翰林院侍講何如璋為駐日公使，在東京設立公使館。起初以為「中東本同文之國，使署中無須另立譯官」[3]，結果洋相出盡。一年後，何如璋便向總理衙門抱怨：「東學翻譯最難

---

　　版）、黃福慶《清末留日學生》（臺北，中央研究院近代史研究所，1971年版）、石錦《早期中國留日學生的活動與組織》，《思與言》，第6卷，第1期。近年來大陸有關著述基本沿用此說。

3　《東文學堂》，《中外大事匯記》，學術匯記第一之二。

其選，因日本文字顛倒，意義和舛，即求精熟其語言者亦自無多。」不得不「暫覓通事二名」，並要求駐橫濱、神戶、長崎等地領事「就地覓一通事，以供傳宣奔走之用。」[4]這顯然有損於堂堂大清國欽差的體面，不利於溝通內外之情。所以繼任公使黎庶昌就以「使署理署需用東文翻譯」為由，「奏請招致學生設館肄業，以三年為期」，[5]在使署西側設立一所東文學堂，「專為學習翻譯」，於一八八二年十一月正式開館。以後即沿為定制，直到甲午戰爭爆發，才一度中斷。十餘年來，成效甚微。後來的駐日公使裕庚評價道：

> 既專為學習翻譯而設，不過學至翻譯而止，入手之初，未嘗計及深造。學堂既設在使署，去高等師範甚遠，無所折衷，一教眾咻，事事皆從簡略。名師既不相就，學生則飽食而嬉，以致成材甚少。使臣雖日加督責，而眾人視為具文。又所定章程奏明拔充學習翻譯後照章保獎，並可分派各口充當翻譯，於是學生甫滿三年，知此捷徑，群思棄而之他。既到各口後，又復荒其本業，不加溫習，一經傳語，動輒貽笑，翻譯東文，錯謬多端。[6]

　　總之是一塌糊塗。儘管裕庚的話不乏官場中司空見慣的貶低前任惡習，以及在變法浪潮之下的自我吹噓，多少還是反映了一些實情。
　　甲午戰後，裕庚接任駐日公使，於一八九五年九月抵達東京，不

4　《使日何如璋等奏分設駐日本各埠理事摺》，光緒四年十一月十五日，王彥威輯：《清季外交史料》卷十四，北平，1933-1935年。理事即領事。

5　《總理各國事務衙門奏遵議在日所招東文學生畢業後應如何待遇片》，光緒十年七月初五日，故宮博物館編印：《清光緒朝中日交涉史料》卷五，1932年。

6　《出使日本大臣裕庚奏擬變通東文學生請獎章程摺》，光緒二十四年七月初三日，故宮博物館編印：《清光緒朝中日交涉史料》卷五二。

久即著手恢復東文學堂。他與日本外務大臣兼文部大臣西園寺公望多次商議，認為在使館內設立學堂不如將學生送到日本學校附讀，較為切實。遂將此意報告總理衙門。次年四月，總署奏請批准了這一要求。裕庚遂派已預定為橫濱領事的湖北補用知縣呂賢笙前往上海、蘇州一帶招收學生，往返兩月餘。一八九六年六月十五日，呂率領選定的十三位青年抵達東京。他們在使署寄居半月後，於六月三十日入校學習。

按照中日雙方達成的協定，這批學生的教育委託高等師範學校校長嘉納治五郎負責，由其和裕庚共同在高等師範附近設立一個相對獨立的「學校」，由本田增次郎任東文監督，町田彌平為東文教師，兩人的束脩以及學校的全部費用由清駐日公使負擔。開始這些學生連假名也不認識，以後課程逐漸增加，共分為兩類，除星期日外，每天上午和晚上由教師教授或自習外交史、日本文法、日本尺牘、漢文、日文書寫以及閱報等，下午則到高等師範學校學習地理、初級高等物理、高等初級數學、歷史、兵式體操。[7]

由上可知，這批學生的所謂「留學日本」，不過是在延續原來使館東文學堂的基礎上略加變通，即將以前專屬於使館的東文學堂改為同時還由日本文部省委託的高等師範負責部分教務；所學課程則從專攻日文擴大到一些基礎科目；學堂也由使館遷到高等師範附近的一座校舍。但是，這些並未改變東文學堂的性質。

首先，培養學生的目的沒有變，仍是訓練為使館服務的翻譯人才，因而官方繼續稱之為「東文學生」。直到一八九八年，清政府沒有再派學生留日，裕庚也未提出這種要求。因為十名翻譯已足以應付使館業務需求，而清政府並沒有將他們別作他用的意向。學習基礎課

---

7 《東文學生逐日現習功課清單》，故宮博物館編印：《清光緒朝中日交涉史料》卷五二。

程，最初不過與京師同文館一樣，仍是為了翻譯上的需要。隨著形勢的變化發展，特別是變法運動的興起，才逐步擴大用途。

　　其次，學堂及學生的隸屬關係沒有變，學生並不是直接進入日本學校，而是單獨設立了一個附讀班，這樣既便利了學生學習，又保證了使館的許可權。不僅全部的學生學費、教師薪水和學堂費用由使館承擔，[8]而且每隔一星期要將學生接回使署面加考驗，「教師教導不力者，告知學校長更換；學生怠惰荒嬉者，由學校長轉告使署撤回。」其中三人不久即因「紈綺性成，紊亂規則」，受到「登時撤令內渡」的處分。[9]甚至學生患病也由使館接回調理，並負擔一應車、飯費用。

　　東文學堂的復辦及其變通，一定程度上反映了甲午戰爭前後中國人對日觀複雜變化的心路歷程。甲午一戰，清政府水陸兩軍在歷來不為中國士大夫所正視的「倭寇」手下慘遭敗績。但是，統治集團的君臣們，包括以「求新」自我標榜的洋務派，都沒有向自古就從中國引進文明的戰爭對手學習的勇氣和膽識。明治維新後日本迅速強盛，早已使清政府感到震動。特別是歷屆駐日公使，耳聞目睹那些日新月異的變化，都意識到日本將成為中國的一大威脅。首任公使何如璋即實際上承認明治維新是「時事之轉移固自有其會」[10]，繼任黎庶昌也感到日本「近年事事講求，海陸兩軍，擴張整飭，工商技藝，日異月

8　一八九七年一月二十七日總理衙門在奏報此項經費時稱：「查東文翻譯一項，向在使署立學，按年列於出使經費內作正開銷。」「此次學校經始動用經費數目核與向章作正開銷之處，系屬相符，應如所報准銷。」《出使日本大臣第一次收支各款清單》光緒二十二年十二月二十七日，故宮博物館編印：《清光緒朝中日交涉史料》卷五十。

9　《出使日本大臣裕庚奏擬變通東文學生請獎章程摺》，故宮博物館編印：《清光緒朝中日交涉史料》卷五二。實藤惠秀《中國人留學日本史》稱，韓籌南、李清澄、王某、趙某等人歸國的原因，一是不能忍受日本小孩頻呼豚尾的戲弄，二是覺得日本食物難以下嚥，這只是依據相關資料推論，似不確。

10　何如璋：《使東述略》，鐘叔河主編：《走向世界叢書》，長沙，嶽麓書社，1985年版，第11頁。

新，物產又極富饒」，「其力量幾與西洋次等之國相敵。」[11]然而，要放下大清皇朝欽差的架子向「倭夷」屈尊，實在是他們不敢也不願想的事。

權力之爭和策略考慮曾導致一部分洋務派官僚傾向於聯合日本。張之洞、劉坤一等人主張與英日結盟反對沙俄，形成一個鬆散的聯日派。但他們更要維持居高臨下的門面，自欺欺人地說日本是易於籠絡的小國。在這種思想指導下，洋務派很難提出學習日本的政策。儘管他們出於洋務的需求，可以向日本派遣少數留學生。

敢於學習日本，是維新派的功績。一些早期維新思想家在將明治維新與洋務運動進行比較時，明確指出二者的優劣是非。特別是康有為、梁啟超，不僅公開把日本由變法而強盛的事實作為範例，而且在制定變法方略時，不同程度地參照借鑒了明治維新的模式與經驗。不過，甲午戰爭前，就是在這批人的心目中，也還或隱或現地含著對「區區三島」的輕蔑之意，因而在承認明治維新成就的同時，多少保留了幾分天朝上國的盲目自尊。

甲午戰敗的慘痛事實，打破了洋務運動三十年，國防「深固不搖」的神話，人們不得不對東洋人刮目相看。但戰敗屈辱所激發出來的民族悲憤情緒和同仇敵愾心理，使人們一時還不能冷靜下來思考問題。而三國干涉還遼成功所引起的遠東局勢新變化，又給沙皇的猙獰面目蒙上一層柔光。在統治集團中占上風的親俄派固然奉沙皇為救星，就連劉坤一、張之洞等人也來了個一百八十度急轉彎。劉坤一上書密陳聯俄拒倭大計，正式承認自己過去的失誤。他說：「或謂俄與中國接址最寬，將來必為害於中國。臣前此亦以為然，今則頗知其說

---

11 《出使日本大臣黎庶昌密陳日本近日情形片》，故宮博物館編印：《清光緒朝中日交涉史料》卷十二。

之謬。」「以臣愚見，各國之患猶緩，惟日本之患為急。」因而建議：今後「凡與俄交涉之事，務須曲為維持；有時意見參差，亦須設法彌縫，不使起釁。中俄邦交永固，則倭與各國有所顧忌，不至視我蔑如，狡焉思啟矣。」[12]

在朝野上下一片聯俄拒倭的喧嚷聲中，無人敢冒天下之大不韙，公然提出學習日本的口號。一八九五年張之洞奏議戰後補救之策，建議派遣留學生，也僅以歐美為念，沒有提到日本。裕庚後來自稱到東之始，即以為「翻譯不過學業之一途」，儼然已有「振興人材為本原計」[13]的設想，未必屬實。他講這番話時正值變法運動高潮，意在邀功，並非真有維新宿志。裕庚任期兩年內東文學生人數只減不增，就是對他本人最有力的駁斥。

由此可見，一八九六年戢元丞等人東渡，既不是甲午戰爭刺激的結果，也不是中國人認識到向日本學習的必要性，因而鼓動留學日本的產物。甲午戰爭造成的嚴重民族危機。的確大大激發了中國人的愛國熱忱和變革決心。但歷史畢竟是具體而複雜的，如果把戰後的一切變化都與此直接聯繫起來，看不到在警醒與學習敵手之間還有一個轉變過程，而且其難度不亞於鴉片戰後士大夫經歷的磨練，則不免失之簡單籠統。

那麼近代中國留日學生發端定於何時為宜呢？

從中國方面看，產生派遣留日學生的動議比較晚，而日本方面則早就有此打算，特別是日本軍政界中一批對華野心不斷膨脹的人，從

---

12 中國社會科學院歷史研究所第三所主編：《中國近代史資料叢書・劉坤一遺集》第二冊，北京，中華書局，1959年版，奏疏卷二十四。關於劉坤一、張之洞等人態度的變化，參見 Don. C. Price: Russia and the Roots of the Chinese Revolution, 1896-1911.

13 《出使日本大臣裕庚奏擬變通東文學生請獎章程摺》，故宮博物館編印：《清光緒朝中日交涉史料》卷五二。

兩國建立外交關係之日起,就積極策劃利用互派留學生來培植親己勢力。「內務卿大久保利通,根據奉使北京的實際經驗,深感對華問題不能付之等閒。迨西南戰役以後,一八七七年十二月,趁中國首任公使何如璋、副公使張斯桂等抵達東京的時機,為兩國間彼此交換留學生及善鄰親睦起見,特糾集少數有志之士,創設振亞社,不時集會。」[14]一八八〇年三月,這批人組成了興亞會,特邀何如璋到會祝辭,並開辦中國語學校,教授日本青年。一八九八年,該會將橫濱大同學校總教習徐勤以及自費前往日本留學的維新派骨幹羅普吸收入會。[15]以後興亞會併入東亞同文會,後者成為日本最積極干預中國留學生事務的組織,先後在東京和中國的上海、南京等地開設同文書院。一九〇二年又利用成城學校入學事件企圖取得保送自費生進入日本軍校的壟斷權。不過,興亞會提出的互派留學生的計劃,由於中國方面持有戒心,長期未能付諸實現。

關於留日學生的概念,並無嚴格界定,其中不僅有從中國本土去的青年,也包括旅日華僑商民的子弟。有些專為後一類人開設的學校,如神戶的同文、橫濱的大同學校,後來也吸收國內來的學生。而第一所華僑子弟學校橫濱中華學堂,早在一八八五年即已創立。[16]不過,按照慣例,只有在兩種情況下,才能將這些學校的學生算作留學生,一是就讀於此的華僑子弟進入日本學校,一是國內前來求學的青年。[17]這一約定俗成的概念同樣適用於使館東文學生,如唐寶鍔、胡

---

14 東亞同文會編:《對華回憶錄》,上海,商務印書館,1959年版,第465-466頁。

15 《旅日本中華士商創興要事匯記》,《知新報》,第51期,1898年5月1日。

16 一八八五年,橫濱董事(此為清政府領事選派有力紳商擔任,分管當地華僑事務)陳瑞璋等集資「創設中華公學,規模鉅集整,商民子弟,皆得入塾讀書。」(《出使日本大臣徐承祖奏保日本通商口岸董事片》,光緒十一年四月初二日,故宮博物館編印:《清光緒朝中日交涉史料》卷八。)

17 參見《遊學匯志》,《選報》,第42期,1903年3月8日。

宗瀛在留學生題名錄上簽署的留東日期，是光緒二十五年（1899年）二月進入早稻田大學和青山農學校，[18]而不是一八九六年六月進入附讀班，可見他們本人也沒有把一八九六年東渡視為自己留學生涯的正式開端。

我國最早名符其實前往日本留學的是廣東順德人羅普。羅字孝高，是康有為萬木草堂的嫡傳弟子。一八九七年，他隻身漂洋過海來到日本，次年初「由日本當道舉入」早稻田專門學校學習法科，「講習萬國律例之學。」[19]據與他同屋居住的日本友人田野桔次說：「當時東京留學生亦未有一人也。」[20]馮自由《革命逸史》稱羅是中國學生進入早稻田專門學校的「第一人」[21]，其實他也是近代中國留學日本的第一人，起碼是首批留日學生的代表者。

與之同時，還有一些民間人士前往日本求學。如一八九八年一月汪康年到日本考察報務之際，就在大阪見到正在山本憲的家塾中學習日語的汪有齡、嵇侃兩位留學生。[22]當然，他們的行動仍屬個別現象，但反映了當時中國人通過日本學習西方的意向，預示了一種呼之欲出的新趨勢，表明中國人留學日本是維新浪潮推動的產物。羅普赴日是否得到康有為的讚助支持，不得而知。不過，維新派的《知新報》將此事列入「創新要事」，予以綜合報導，稱讚其「慨然有志」，[23]表明

---

18 《清國留學生會館第四次報告》。

19 《旅日本中華士商創興要事匯記》，《知新報》，第51期，1898年5月1日。

20 田野桔次：《最近支那革命運動》，第106頁。

21 馮自由：《革命逸史》，第2集，第29-32頁。參見《清國留學生會館第五次報告》附錄《廣東留學生題名錄》。

22 《清國新聞記者》，《大阪每日新聞》明治31年1月17日。山本憲（梅崖）後為1898年成立的大阪日清協合會會員。據蔣垞裳編《浙江高等學堂年譜》，汪有齡原為蠶學館所派，後回國要求改習法政，1898年隨浙江首批官費留日學生再次東渡。汪後來擔任過中國議會書記。

23 《旅日華僑士商創興要事匯記》，《知新報》，第51期，1898年5月1日。

了這一派人的態度。

甲午戰後，維新人士以戰爭勝負的鮮明對比為據，大聲疾呼變法圖強，指出日本強盛的原因之一，在於「遣宗室大臣遊歷各國，又遣英俊子弟詣彼讀書。」[24]日軍所以屢勝，是因為「將士出於學校，練習有素。」[25]梁啟超還上書張之洞，認為：「日本變法以學校為最先，而日本學校以政治為最重」；中國對西學則「僅襲皮毛，震其技藝之片長，忽其政本之大法」，[26]建議效法日本，改革體制課程。一面鼓吹留學的必要與重要，一面比較中日的優劣，自然有助於造成學習日本的輿論氛圍。

中國有可能派遣留日學生，也由於戰後中日關係的緊張狀態有所鬆馳。一八九七年底，德國強占膠州灣，沙俄趁火打劫，緊跟著占領了旅大。這種赤裸裸的侵略行徑，給那些曾對沙俄抱有幻想的人當頭一棒，朝野上下齊聲痛斥沙俄背信棄義，親俄空氣一掃而光。張之洞、劉坤一等人舊調重彈，提出「以兼聯英日為要策。」[27]維新派對此積極呼應。膠州灣事件後，日本參謀本部派人來華請助聯英拒德，「時經割臺後未知日情，朝士亦多猜疑日本，恭邸更主倚俄，乃卻日本之請。」康有為走告翁同龢：「明日本之可信，且與日使議請將償款再攤十年，並減息，日使矢野君極有意」。又為御史楊深秀、陳其璋等草疏請聯英日，並作聯英日策，遍告朝士。經此事後，「朝士漸

---

24 《上清帝第二書》，湯志鈞編：《康有為政論集》上冊，北京，中華書局，1981年版，第134頁。

25 《文廷式請開學校講習武事片》，光緒二十一年三月初一日，故宮博物館編印：《清光緒朝中日交涉史料》卷三七。

26 梁啟超：《上南皮張尚書論改書院課程書》，舒新城編：《中國近代教育史資料》，下冊，第934-936頁。

27 《鄂督張之洞致總署聯英俄仍須聯日以戰德焰電》，光緒二十三年十二月十一日，王彥威輯：《清季外交史料》卷一二八。

知英日之可信，而知俄之叵測，自此群議咸知聯英日矣。」[28]康有為趁機進呈《日本明治變政考》，直接了當地建議光緒奉日本為楷模，變法圖強。汪康年等人也前往日本，試圖聯合中日民間勢力以救危亡。這一努力得到以江浙為中心的開明士紳的廣泛支持。這樣，中國派遣留日學生的主客觀條件開始形成。

　　與此同時，日本方面借機施展外交和文化手段。一八九七年底，日本參謀本部軍官神尾光臣、宇都宮太郎等先後來華，在武昌與張之洞、江漢關道以及洋務委員等晤談，轉達參謀部川上操六大將之意，詭稱：「前年之戰彼此俱誤，今日西洋白人日強，中東日危，中東係同種同文同教之國，深願與中國聯絡。」請中國派人到日本「入武備及各種學堂，地近費省，該國必優待切教。」清廷擔心引起其他列強的進一步要求，諭令張之洞「斷勿輕許」[29]。但張之洞不肯作罷，一面再次奏陳：「惟彼言深悔前年不應與中國戰爭，今願遣我人赴東入各種學堂云云，洞甚嘉許之」[30]，一面決定讓鄭孝胥等三人於次年春選派學生「赴東洋入武備農工各學堂。」[31]

　　一八九八年，維新運動聲浪日高，日方活動也更加積極。駐華公使矢野文雄於五月間函告總理衙門：日本政府「擬向中國倍敦友誼，藉悉中國需才孔亟，倘選派學生出洋習業，該國自應支其經費。」接著又親赴總署面陳：「中國如派肄業學生陸續前往日本學堂學習，人

---

28　《康南海自編年譜》，中國史學會主編：《中國近代史資料叢刊‧戊戌變法》（四），第138-139頁。

29　《鄂督張之洞致總署稱日武官力陳聯英意見電》，光緒二十三年十二月十一日，王彥威輯：《清季外交史料》卷一二八。

30　《湖廣總督張之洞來電》，光緒二十三年十二月二十五日到，故宮博物館編印：《清光緒朝中日交涉史料》卷五一。

31　《鄂督張之洞致總署日人勸鄭孝胥赴日學習與聯英事無涉電》，光緒二十三年十二月二十八日，王彥威輯：《清季外交史料》卷一二八。

數約以二百人為限。」[32]

矢野的態度並不代表日本政府的立場，當他將情況報告外務省請求指令時，外務大臣西德二郎「頗感意外」，認為費用太巨。「然既已表示，已難取消，茲後若清政府對於右記所作表示決定派遣留學生，宜限定最少人數，以觀對方回答。希勿由我先為挑動，任其自然可也。」[33]不過，神尾光臣、宇都宮太郎和矢野文雄先後向清政府作出同一姿態，絕不會是偶然的巧合。他們的言行顯然反映了日本一些政治勢力的意願，而且很可能受到高層的指使，所以敢於如此獨斷專行。宇都宮太郎等在與張之洞密談時即聲稱：「實係奉內旨而來。」[34]矢野在覆西德二郎的信中，毫不掩飾其野心，他說：

> 如果將在日本受感化的中國新人材散布於古老帝國，是為日後樹立日本勢力於東亞大陸的最佳策略。其習武備者，日後不僅將仿效日本兵制，軍用器材等亦必仰賴日本，清國之軍事，將成為日本化。又因培養理科學生之結果，因其職務上之關係，定將與日本發生密切關係，此係擴張日本之商業於中國的階梯。至於專攻法政等學生，定以日本為楷模，為中國將來改革的準則。果真如此，不僅中國官民信賴日本之情，將較往昔增加二十倍，且可無限量地擴張勢力於大陸。[35]

矢野與西德二郎的分歧，並非政策基點的對立，而是步驟方式的

---

32 《總理衙門議複遊學日本折片》，《中外大事匯記》學術匯記第一之二。

33 河村一夫：《駐清公使時代の矢野龍溪氏》，《成城文藝》第46期，第68-69頁。轉引自黃福慶：《清末留日學生》，第17-18頁。

34 《鄂督張之洞致總署稱日武官力陳聯英意見電》，光緒二十三年十二月十一日，王彥威輯：《清季外交史料》卷一二八。

35 河村一夫：《駐清公使時代の矢野龍溪氏》。

區別。所以西德二郎認為矢野的意見「甚善」，只是對巨額經費、來學人選以及能否達到預期目的有所顧慮。

　　然而，中國方面，朝野上下都把日本的別有用心當成與人為善。一八九八年六月一日，康有為代楊深秀草擬《請議遊學日本章程片》，正式提出派遣留日學生的建議：「以為日本變法立學，確有成效，中華欲遊學易成，必自日本始。」既然日方願意予以優待，「亟宜因其悔心，受其情意」，選派「貢生監之聰敏有材、年未三十已通中學者」赴日留學。[36]總理衙門議後奏稱：「擬妥定章程，將同文館東文學生酌派數人，並諮南北洋兩廣兩湖閩浙各督撫，就現設學堂遴選學生諮送總理衙門，陸續派往。」[37]只是對任人報名之法有所保留。光緒當即批道：「出國遊學，西洋不如東洋。東洋路近費省，文字相近，易於通曉，且一切西書均經日本擇要翻譯。著即擬定章程，諮催各省迅即選定學生陸續諮送；各部院如有講求時務願往遊學人員，亦一併諮送，均勿延緩。」[38]以後日本政府又「允將該國大學堂中學堂章程酌行變通，俾中國學生易於附學，一切從優相待，以期造就。」清廷遂正式下旨：「著各省督撫就學堂中挑選聰穎學生有志上進、略諳東文英文者，酌定人數，克日電諮總署核辦。」[39]並向日本政府遞交國書，表示謝意。至此，派遣留日學生成為維新變法的正式國策。

　　一些實權在握的地方督撫的反應比諸多掣肘的光緒更為敏捷。一八九八年三月，南洋官費生楊蔭杭、雷奮、楊廷棟等一行數人抵達東京，是為近代中國最早的官費正式留日學生。同時到東的還有富士英

---

36　湯志鈞編：《康有為政論集》，上冊，第250-251頁。

37　《軍機處傳知總理各國事務衙門面奉之諭旨片》，光緒二十四年六月十五日，故宮博物館編印：《清光緒朝中日交涉史料》卷五二。

38　《清德宗景皇帝實錄》卷四二二，北京，中華書局，1987年影印本。

39　《軍機處電寄各省督撫諭旨》，光緒二十四年七月初二日，故宮博物館編印：《清光緒朝中日交涉史料》卷五二。

（浙江）、盧藉東（廣東）等人。五、六月間，浙江官費生錢承志等四人以及湖北官費生蕭星生等到達日本。這一年，南北洋、湖北、浙江陸續派出官費生六十四人，[40]另外還有畢永年、馮斯欒、范源廉等十三名自費生。[41]

這時，那批東文附讀生已學滿兩年，裕庚奏請將其中可堪造就者拔入高等學校繼續深造，東文學堂無形解散。以後，繼任公使李盛鐸又重新恢復使館東文學堂，「內有監督官一人，中東教習各一人，學徒五、六人」[42]，以應付政變後盡廢新法的局面。有的地方督撫計劃大舉派遣留日學生，如張之洞擬「選擇聰穎子弟湖北一百人，湖南五十人，前赴日本學習武備、格致、農商工藝，兼通各種專門術業」[43]，湖南甚至已出示招考，後因變法不幸夭折而擱淺。不過，由於洋務派督撫對慈禧「盡廢新法」的旨意有選擇地進行了抵制，加上許多維新志士亡命日本，此後幾年間，留日學生隊伍仍在逐步擴大。辛丑和約後，清政府重行新政，留日學生人數激增，形成一支重要的社會趨新力量。

綜上所述，留日學生的正式發端定於一八九七年底或一八九八年更為恰當。儘管清廷將派遣許可權下放到各省，各地首批留日學生東渡時間相去甚遠，如甘肅晚到一九〇五年後才開始派遣，但並不影響事情的基本性質。

---

40 其中南北洋及湖北各二十名，浙江四名。《總理各國事務衙門奏遵議出洋學生肄業實學章程摺》，光緒二十五年七月，舒新城編：《中國近代教育史資料》，上冊，北京，人民教育出版社，1961年版，第174頁。

41 據《清國留學生會館第二、四、五次報告》；《浙江同鄉留學東京題名》，《浙江潮》，第3期，1903年4月17日；《湖南同鄉留學日本題名》，《遊學譯編》，第10冊，1903年9月6日。

42 六月《官書局報》譯自《太陽報》，《中外大事匯記》，學術匯記第一之二。

43 《鄂督張招考出洋學生示》，《中外大事匯記》，學術匯記第一之二。

　　留日學生運動一旦發端，就不斷衝擊著舊的統治秩序，成為整個近代留學生運動的重要分水嶺。一九〇四年底，《外交報》一篇題為《論近日派遣留學生之利害》的論說，對此做了精闢的概括分析：

> 我國自道光二十三年、咸豐八年兩次敗於歐人，於是驚心動魄於西洋之文明，而謀有以輸入之，乃有派西洋留學生之事。然此後二三十年間，派往之人，為數甚少，而其人歸國，亦無影響於國家。其上等者，閉戶讀書，不與世事，彼無所幹於社會，社會亦不知其人。此等人與向來之讀書人無異，世未之奇也。其下等者，持其所學之語言文字以為羔雁，營營於利祿之途，除此則皆所不計。此等人與向來之流俗人無異，世亦未之奇也。故留學生遂與社會相忘，社會不蒙留學之利，亦不蒙留學之害，遂若無此留學生者然。……自光緒十七年大敗於日本，於是驚心動魄於東洋之文明，而謀所以輸入之，乃有派東洋留學生之事。論者猶以為與前之派西洋留學生等耳，而豈知其後之效，乃與昔大異。昔之留學生，絕無所表現於社會，而今之留學生，則嶄然現其頭角，為通國中之一種新人物。[44]

　　這種界標的意義，顯然不能從一八九六年的東文附讀生或更早的洋務學生身上體現出來。只有在維新運動激勵下東渡求學的青年，才會迅速與新興政治勢力的代表人物建立聯繫，參加救國和革命運動。而原來附讀生中的戢元丞等人，也是在正式進入日本學校後，才積極投身於鬥爭洪流。因此，適當調整留日學生發端的時間概念，更有助於研究其地位作用，進而認識甲午戰爭與戊戌維新對近代中國社會的影響。

---

44　《外交報》，第99期，1904年12月21日。

## 二　社團濫觴

在軍國民教育會出現之前，留日學界的社團多為小型化，只有留學生會館和同鄉會等聯誼機構例外。這些小型社團，如勵志會、國民會、廣東獨立協會、開智會、青年會等，資料很少，語焉不詳，問題較多。僅舉數例證之。

（一）勵志會。一九〇〇年成立於東京的勵志會，是留日學生最早組建的社團，「實為留學界創設團體之先河。」[45]但是關於該會的起止時間及其宗旨性質，各種記述互相矛盾。馮自由在《革命逸史》中幾次提到：「庚子七月漢口一役殉義之黎科、傅慈祥、蔡丞煜、鄭葆晟及脫險之戢元丞、秦力山、吳祿貞諸人，皆此會會員也。」[46]「雲翔嘗偕戢翼翬、金邦平、章宗祥、吳振麟、黎科、傅慈祥等發起勵志會。」[47]指該會成立於自立軍起義前。後唐才質所撰《自立會庚子革命記》亦同此說，而加入「其時革命思潮風起雲湧，勵志會會員中主張掃蕩清室，樹立新政者，如戢翼翬、沈翔雲等，最為積極」[48]的字句。傅光培等所撰《傅慈祥事略》則稱：「爾父恐晉末五胡之禍，復睹於神州，乃與吳綬卿、蔡松坡、劉伯剛、吳念慈諸人，組織勵志學會，討論革命進行，至深且密。」[49]張玉法教授《清季的革命團體》一書，在該會會員名單中列有黎科、蔡丞煜等人，等於承認為自立軍起義前成立。但秦力山曾明確指出：「而次年正月（即辛丑），鞏黃復至日本時，則在留諸公之所成就者，勵志會之成立也（為死事諸君在

---

45　馮自由：《革命逸史》，初集，第98頁。
46　馮自由：《革命逸史》，初集，第99、102頁。
47　馮自由：《革命逸史》，初集，第81頁。
48　杜邁之、劉泱泱、李龍如輯：《自立會史料集》，第71頁。
49　杜邁之、劉泱泱、李龍如輯：《自立會史料集》，第270頁。

時所發議而未成立者……）。」[50]則漢口事變前只是開始籌畫，並未正式成立。到自立軍失敗後，部分幸免於難的創議人回到東京，才重續前議，組成團體。

秦力山雖然一九○○年初即赴天津，但他與死事諸君稔熟，又親歷其事，所記應較近事實。而且此說有重要旁證。一九○○年七月二十四日，沈翔雲、傅慈祥等人在東京召開第二次「中國學生會」，賀光緒卅一聖誕，悼「聖躬被廢之第二十三月」，沈翔雲在會上發表長篇演講，論述開會演說的必要，其中幾段值得注意：

> 向者吾邦之士，留學是邦，散處各校之中，會面甚少，即偶相見，亦不過尋常應酬數語寒酸而已。同國之人，互相隔膜，無親愛聯結之氣，為各國所見笑者也。……欲救中國，固非一長一藝所能為力，故聚眾人之長，庶足為救中國之用。又思吾中國人民四萬萬，此四萬萬人皆有救中國之責，獨吾等百數十人遊學外洋，得習文明之學問。則吾等百數十人，乃四萬萬人之代表者，必求學成之後，足以歸見四萬萬之同胞，方為盡責，是則不可不開會演說之故也。我等當充此以為國家思想政治思想者也。

鑒於「偽政府之政策」禁開會演說，同學有所戒懼，沈翔雲力辨此舉乃天下公理，並主動承擔首倡之責：「請為諸公表白於天下曰：中國學生相會，乃眾人之意見相同，立會必欲演說，種種自由獨立之議論，沈翔雲一人之意見。政府官吏欲禁止拿問，請治沈翔雲一人。」同時他又聲明：「然此究不過一人之意，不足取公眾之從。有

---

50　《說革命》，彭國興、劉晴波編：《秦力山集》，第158-159頁。

不欲者亦請演說其不可之理,則會中之人,皆惟公理是從,斷不以一
人之議,一先生之說,株守而不通也。」[51]由此看來,沈翔雲、傅慈
祥等人創議之會,應為中國學生會,到一九○○年七月,至少已開過
兩次籌備大會。但因為留學生心存顧忌,意見不一,直到沈翔雲等歸
國參加自立軍起義時,仍未達成一致意見,沒有正式形成團體。

不過,秦力山稱勵志會「會章五條,為純粹之革命主義」[52],與
自立會有關各人的回憶也力證勵志會是革命組織,馮自由卻說這五條
會章「不外以聯絡情感、策勵志節為宗旨,對於國家別無政見。」
「其宗旨僅在交換智識,聯絡感情二事。」「惟是時革命思潮已風起
雲湧,會員中主張光復主義者大不乏人。激烈派如戢元丞、沈雲翔等
均任會中幹事,故亦不啻一革命宣傳機關。」[53]兩說相較,馮記較近
事實。

勵志會最初的五條會章文獻失載,不知其詳。據壬寅十二月改正
的會章,共兩章六條,主要內容如下:

> 第一章,綱領。
> 第一條,研究實學以為立憲之預備。
> 第二條,養成公德以為國民之表率。
> 第三條,重視責任以為辦辦之基礎。
> 第二章,事業。
> 第四條,調查國勢,凡關乎國家之大問題,本會均當實際調查
> (分為名法、理財、內務、外交、教育、實業、軍政各部)。
> ……

---

51 沈翔雲:《恭祝皇上萬壽演說》,《清議報》,第53、54冊,1900年8月5日、15日。
52 彭國興、劉晴波編:《秦力山集》,第159頁。
53 馮自由:《革命逸史》,初集,第98-99頁。

第六條，巡迴講演，凡對乎會外之各團體，本會均當隨時出張講演。

附則：

1. 內地各處，本會當隨時派員開演說會或講習會以開風氣。

2. 無論內地外洋，凡同志組織之會，本會當聯絡一氣，以期推廣。[54]

　　由於沒有前期章程比照，無法辨認其間的差別。僅就改正章程看，勵志會絕不是一個革命團體，倒是更多地傾向於立憲。勵志會員分為激烈、穩健二派，後期改正章程修訂於激進派另組青年會之際，宗旨或有所倒退。但從該會的功能與人員結構看，前期也不會是革命團體。

　　勵志會創議之初，中國留日學生總共不過百餘人，而且分為四部分，「一為南洋官費，約三十人左右，共賃一屋居之，榜其廬曰日華學堂，至讀書則各習專門，朝去暮歸，學校不一；一為兩湖陸軍學生三十餘人，居成城學校（此校為陸軍預備科）；一為湘、粵之自費生約十餘人，居大同高等學校；一為公使官費生，居同文書院。」[55]各部學生彼此缺乏聯繫。沈翔雲等人立會之意，顯然是想改變留日學界的散漫狀態，以統一的組織形式推進革新變政的宗旨宣傳，因而力求使團體為全體或多數同學所能接受，形成具有一定政治傾向的聯誼組織，將幾部分學生中對群體事務感興趣者結為一體。這表明留日學界隨著人數的增長群體意識開始形成。對於政治派屬的分界，他們還不大在意。其創議各人宗旨上大體屬於當時所謂「革政派」，而不是革命派。

---

54　《譯書彙編》，第2年第10期，1903年3月13日。

55　彭國興、劉晴波編：《秦力山集》，第158頁。

以孫中山為代表的革命黨，最鮮明的政治特徵在於堅持排滿共和，反對滿清的專制皇權統治。對此不僅孫中山在不同場合反覆強調，其他革新勢力也都以此為分界標準。並對孫中山堅持排滿立場感到困惑。而「中國學生會」集會慶祝光緒聖誕，沈翔雲發表「恭祝皇上萬壽演說」，稱「皇上為古今未有之聖主」，「皇上之志，在救中國之民，中國存一日，則皇上之壽增一日。我等能行皇上所欲行之事一日，則皇上之壽綿百冀歷千秋而永長矣。」還列舉光緒之德政，將一切罪責歸於西太后和榮祿，表示：「偽政府以下之人凡皇上仇讎，皆吾人所不共戴天者也。」「我等為皇上之民，所以報皇上者，惟有忘死生入水火，求為救民之舉，以達皇上欲行之目的而已。」傅慈祥也歷述「皇上聖德」。[56]傅雖然曾經表示：「吾輩不能創造共和政體，即以南方作一大墓可也。」[57]決心倡興民權，但其共和觀念不一定與排滿相聯，甚至不一定否定君權，而是君民共主上下共和之意。沈、傅二人在公開場合如此表態，顯然與革命黨有一定距離。

此外，黎科與保皇會關係密切，組織行動上加入其行列。一九〇〇年四月四日梁啟超函告黃為之：「張、黎兩君既如此之熱心，宜以全力與之相結，絕不可失之。」[58]一九〇〇年五月十九日又函告葉湘南等人：「黎、張兩君熱力，已足與我一氣，大可喜慰，乞為我常常致意。忠、雅等若有事於江左，弟意欲兩君中以一人往助之，預備有交涉之事也。」[59]

但是，也不能因此將沈翔雲等人與保皇派等同視之。康有為對光緒的君臣之義，與沈翔雲等主張的國民之義畢竟不同。前者保皇帶有

---

56 沈翔雲：《恭祝皇上萬壽演說》，《清議報》，第53、54冊，1900年8月5日、15日。

57 獨立代表人：《偶成》，《開智錄》，改良第2期，1901年1月5日。

58 丁文江、趙豐田編：《梁啟超年譜長編》，第212頁。

59 丁文江、趙豐田編：《梁啟超年譜長編》，第226頁。

知恩圖報的不貳忠心，後者則只是因為皇帝志在救民。所以，沈翔雲等極力鼓吹中國民眾必須養成國家政治思想和獨立之心，以「維持此會之大旨」為「達皇上目的之第一著」，呼籲不要官吏保舉「臭之不香，擲之即碎之頭銜」，而要「自己保舉自己為第一等英雄，第一等豪傑，以救民之重且大也。」重民權者為興民權而擁皇權，亦可因此而棄皇權，他們比保皇派跨越君臣之義的心理障礙要來得容易。沈翔雲一再聲明自己信服公理，「康梁何足為我等信服。」[60]以後又抨擊張之洞將自由、平等、民權諸說「一旦盡舉而歸之康梁，且目為康梁之唾餘，毋亦太重視康梁，而自安固陋矣。」[61]說明這些留學生與革保兩派都有一定的政治間距。

　　勵志會正式成立後，會員從一開始就分成兩派，激烈派以沈翔雲、戢元成、程家檉、楊蔭杭、雷奮為代表，穩健派以章宗祥、曹汝霖、吳振麟、王璟芳為代表。立會之初，活動頻繁，「初則數日一會，近則或每日一會，每會必有演說，議論悖謬，大約皆欲效唐才常所為，實堪駭異。」[62]這引起張之洞的注意。他函囑駐日公使李盛鐸出面干預。一九〇一年元旦，勵志會開新年慶祝會於上野精養軒，三十餘名會員和犬養毅、菲律賓代表彭西、興中會會員尤列、翟美徒等到會，這是勵志會的鼎盛時期。由於自立軍敗後清廷視留日學生為亂源，雙方對抗情緒日益加劇，所以會員「志趣雖歧，尚能謹守小節，絕無辱及國體者。」[63]以沈翔雲名義發表的《覆張之洞書》，參加撰述者數十人，章宗祥亦為其中一分子。[64]

60　沈翔雲：《恭祝皇上萬壽演說》，《清議報》，第53、54冊，1900年8月5日、15日。

61　沈翔雲：《覆張之洞書》，《中國旬報》，第35期，1901年1月15日。

62　《張之洞致東京李欽差》，光緒二十六年閏八月初八日，中國史學會主編：《中國近代史資料叢刊‧戊戌變法》（二），第626頁。

63　彭國興、劉晴波編：《秦力山集》，第159頁。

64　據留日學生監督錢恂致汪康年函，該意見書以「沈翔雲為首，章仲和、戢元丞輩助

　　然而好景不長，一九○一年一月，清廷發布變法上諭。四月，設立督辦政務處，以劉坤一、張之洞的「江楚會奏」三摺為藍本，推行新政。九月十七日，諭令獎勵遊學，學成歸國後，經考試合格，分別賞給進士舉人出身，正式納入仕進之途。[65]這一連串的求新姿態和實利誘惑，使「留學生之熱中利祿者多認為仕途捷徑，勵志會會員乃亦漸次解體。」一九○二年初，留日學生籌建留學生會館，因經費支絀，請清駐日公使蔡鈞資助，並推蔡為會長。擔任會館幹事的穩健派會員章宗祥、曹汝霖等，「凡遇政府派員到日考察，章等輒為之翻譯引導，因是漸與官場接近。」「激烈派漸鄙其行，詆為官場走狗，兩派積不相能，遂成水火。」[66]兩廣總督陶模等為舉辦新政，招誘留學生歸國任職，「尤為進步一阻。」[67]

　　不僅穩健派倒向官場，尋求進身捷徑，激進派也為之動搖。沈翔雲南下求款於丘菽園不果，便通過同學陶葆廉與其父陶模搭上關係，成為廣東地方新政興革事業的顧問。[68]儘管激進派會員發起創辦《國民報》、《譯書彙編》等刊物，並試圖組建立國民會，積極回應亡國紀念會，都不能挽回勵志會的頹勢。況且激進派並不等於革命派，其中如雷奮、楊蔭杭等，後來便傾向於立憲。

　　據張玉法《清季的革命團體》統計，勵志會員共四十二人，除漢口自立軍死難四人不應計入外，其餘三十八人中，確有革命傾向者十一人，即程家檉、戢元丞、董鴻禕、葉瀾、唐才質、秦力山、秦毓

---

之，中有名言，豈一人之力哉。」（上海圖書館編：《汪康年師友書札》（三），第3009頁。此條原附於錢恂來函第二十六，為「庚五月十七到」。但其中提及一九○一年楊衢雲在香港被刺一事，顯然應寫於此後。

65　朱壽朋編，張靜廬等校點：《光緒朝東華錄》，總第4720頁。

66　馮自由：《革命逸史》，初集，第99、102頁。

67　彭國興、劉晴波編：《秦力山集》，第159頁。

68　馮自由：《革命逸史》，初集，第82頁。

鎏、張繼、王寵惠、沈翔雲、汪榮寶，政府派十四人，即良弼、王璟
芳、章宗祥、曹汝霖、金邦平、張鎮緒、富士英、吳振麟、沈琨、王
宰善、高淑琦、張奎、錢承志、陸世芬，立憲派四人，即雷奮、楊廷
棟、楊蔭杭、吳祿禎，其餘態度不詳。一九○四年九月，由袁世凱保
舉「欽賜進士出身，准其破格錄用」[69]的金邦平、富士英、高淑琦、
張奎、張鎮緒、沈琨、王宰善等七人，全是勵志會員。一九○五年七
月特別科廷試一等的十四人中，張鎮緒、曹汝霖、陸世芬、金邦平、
王宰善、錢承志、高淑琦、沈琨、戢元丞等八人為勵志會員。[70]

　　一九○二年冬，勵志會中的激進派另組青年會，高揭民族主義破
壞主義旗幟，曹汝霖等人則因將全付精力投入留學生會館事務而脫
會。但勵志會並非如一般所說就此解體。剩下的會員於一九○三年初
修訂了章程，試圖進一步發展擴大。由於革命與官場兩派紛紛離去，
會員的政治傾向反倒趨於一致。一九○三年三月十七日，康有為之女
康同璧赴美洲考察政治，途經東京，應勵志會之邀在富士見軒演說，
到會者百餘人，「演說大旨謂：論我國大勢，恐革命之事適足以亡
國，故勸諸留學生宜倡保皇，當以革命為戒」。接著留日學生陳懋
鼎、蒯壽樞、章宗祥、金邦平等相繼演說，內容依次為「勉學生各宜
自愛」，「謂各人皆有改良社會之責，以為他日蓄辦事之人才」，「康女
史研究政治，實開我國女界之先，又論男女平權即是男女分治，並駁
女子腦筋不如男子之非。」金邦平一度加入青年會，在章宗祥挑動下
宣布脫離，重返勵志會。他對前此康同璧在日本青年會演說時要求日
本人助中國改造政府的意見表示異議，認為：「自國之政治，萬不可
恃外人代理，且不可將權力讓之他人。康女史在青年會演說之語，可

---

69　《破格用才》，《彙報》第617、618號，1904年10月1日、5日。

70　《彙報》，第8年第44號，「中電」，1905年7月12日。

與日人言之，而我輩不可存此心也。」[71]此後，留日學界各種因地緣、功能、政見而起的團體紛紛成立，像勵志會這樣介乎政派與聯誼之間的組織失去吸引力，其活動不再見諸記載。一九〇四年三月九日《警鐘日報》刊出論說《論立會之理由》，附列各團體情況表，勵志會一條標明「未久」，可見已經不復存在。

（二）國民會。國民會由創辦《國民報》的秦力山、沈翔雲、戢元丞等人發起。他們大多是漢口自立軍的生還者，將失敗的悲憤情緒化為公開樹旗排滿的行動，經歷了一個過程，秦力山即為其中典型。

庚子大通兵敗，秦力山亡走上海。八月二十二日，與從檀香山趕來準備參與自立軍中原大舉的梁啟超會合。接到漢口出事的消息，他奉梁啟超之命，前往漢口探聽實情，以定行止。[72]秦力山此行獲悉敗因之一是餉械失濟，回到上海時形勢已經惡化，不由慨歎：「噓天一何補，鬼友盡稱雄，懶說恩仇事，驪歌滿亞東（故交死者既數十百人，其存者則無論新相知、舊相知，三月以來悉風流雲散矣）。」[73]決定南下新加坡，訪康有為、丘菽園，以謀再舉。兩相對證，才知道丘菽園曾捐贈鉅款給保皇會。本來康有為是將這些錢用於兩廣興師，但因用人不當，形同虛擲，又不敢對長江方面明言。秦力山不知就裡，指保皇會挪用侵吞。丘菽園亦遷怒於康。康有為被逼無奈，竟嫁禍於保皇會澳門分會會長兼總會財政部長何穗田。秦力山等「至澳門查閱收支帳冊，結果乃知穗田僅為一掛名總會財政部長，事實上與總會財務絲毫不能過問，特康梁之一種工具而已。」[74]康有為栽贓原為藏拙，不料反而坐實了丘、秦等人的懷疑。丘菽園親自出馬擔任糧臺，

---

71 《志康女士演說》，《蘇報》，1903年4月9日。

72 《井上雅二日記》，明治三十三年八月二十二日，湯志鈞：《乘桴新獲》，第371頁。

73 《法成去後之第三夜隱幾若有所思》，《清議報》，第92冊，1901年9月23日。

74 馮自由：《革命逸史》，第4集，第74頁。

奪回財權，截留各地華僑捐款，並和秦力山宣布與康有為斷交。

　　秦力山本來就有反清意識，在自立軍失敗的刺激下情緒更加激烈。他在上海送唐才常東渡時，便發出呼喚：「願君歸來日，不為亡國民，收拾舊山河，漢族慶再生。」[75]向滬上同志辭行時又表示：「洪濤臣起如山立，洗淨蠻邦一抹青。」[76]到南洋後，反清情緒益發不可遏制：「可怪胡兒多誤我，神州此後更滄桑。」[77]「他年應再動春雷」，「直抵黃龍飲一回。」[78]庚子歲暮，又在香港與曾赴漢口參加自立軍的興中會廣東負責人王質甫往還唱和。

　　不過，他雖與康有為斷交，但對梁啟超還寄予希望，與丘菽園商議，準備請梁啟超回日本主持全域，由丘菽園出資十萬，以謀再舉。回日本後，又一度擔任《清議報》編輯。後因「亡命貧困，求假貸不與」，又以自立軍「用勤王號，名義不順，欲力振刷之，遂與啟超絕。」[79]他與沈翔雲、戢元丞、王寵惠、雷奮、楊蔭杭等於一九○一年五月創辦《國民報》，高唱民族主義，排滿革命。但其中一些人對孫中山也頗有微詞。

　　勵志會漸趨腐敗，《國民報》諸人，「因勵志社及留學界中優秀分子漸醉心利祿，時為清吏所收買，遂擬發起一國民會以救其腐敗，其宗旨在宣揚革命仇滿二大主義，擬運動海外各埠華僑與內地志士聯合一體，共圖進行。即以《國民報》為主動機關。」[80]至於具體倡辦人，秦力山《說革命》隱去其名，當為沈翔雲或戢元丞。問題是，該

---

75　《法成去後之第三夜隱幾若有所思》，《清議報》，第92冊1901年9月23日。

76　《南行留別滬上諸君子》，《知新報》，第131冊，1900年12月22日。

77　《道出星洲贈星洲寓公》，《知新報》，第133冊，1901年1月20日。

78　《重留別邱林徐三公子》，《知新報》，第133冊，1901年1月20日。

79　章炳麟：《秦力山傳》，章氏國學講習會編：《太炎文錄續編》卷四，武漢印書館，1938年版。

80　馮自由：《革命逸史》，初集，第97-98頁。

會是否正式成立。

　　馮自由《革命逸史》只是談到《國民報》諸人擬發起國民會，並未確認其成立。由於該報資金困難，出版四期後即於一九〇一年八月被迫關閉。「及報既停刊，會亦因之擱淺。」[81]拒俄運動興起時，上海成立四民總會，隨即改稱中國國民總會。一九〇三年五月三十一日，《蘇報》刊出一份國民公會章程，宣布宗旨為「革除奴隸之積性，振起國民之精神，使中國四萬萬人同享天賦之權利。」「凡中國之人，苟有願為國民而不願為奴隸者，無論海外內地皆可入會。」該會還準備「搜輯東西各國政黨之章程，以為取法之地」，「與各國政黨時通聲氣，以為將來辦理外交之地」，並與「海內外所有中國各會」聯絡，「以期共濟」。幾天後，《蘇報》記者專門發表《敬告國民公會發起諸君》一文，指出：

> 蓋此章程者，非今日上海國民公會諸熱心家所擬，乃前年東京國民會諸熱心家所擬也。先是，東京留學生某君組織《國民報》，另發起一國民會。此國民會者，以革命為宗旨，擬運動各埠華商，刺激內地志士，而即以《國民報》為其機關報也。報既停，會亦解散。

並且聲明：「記者何以知其詳也，乃發起國民會返國之某君來本館切責記者。」[82]似乎此會已經成立。一般著述都肯定國民會為留日學界最早的革命小團體。但是，馮自由的擱淺說不能輕易否定。據親歷其事的秦力山稱：「遂開一國民會以救其腐敗，卒至不能成立而

---

81 馮自由：《革命逸史》，初集，第98頁。
82 《蘇報》，1903年6月4日。

罷。」[83]一九〇四年三月二十九日《警鐘日報》所刊《論立會之理由》一文所列各團體中，有勵志會、青年會，而無國民會，也是一個旁證。

一九〇一年六月十日《國民報》第二期曾用英文刊出一則「關於國民會的告白」，稱：「本報乃中國國民會的喉舌，該會章程已用小冊子形式出版，在居住本地及其他各地的中國人中廣為散發，已有相當多的有影響的中國人列名該會為成員。該會第一次會議即將召開，會議地址尚待擇定。」透過虛張聲勢的措辭，已可察覺其中艱難。如果國民會真的得到廣泛回應，《國民報》就不會因經費困難而於兩個月後停刊。而且，這次成立大會在此後的《國民報》以及其他各報上，均未見報導。由此可見，該會雖已動議發起，並擬定章程，但未獲得足夠的回應，作為中堅的《國民報》又不能持久，實際上沒有正式立會。

國民會不易成立，除了留學生對於排滿仍有畏懼外，與秦力山等人的政治態度不無關係。秦力山之父理刑名，他「少小隨侍往來宦場中，繼又訪吾國之逋臣於東南群島，復求草澤無名之英雄於南部各省」，「閱人多矣」。[84]這一特殊經歷加上勤王失利的刺激，使之產生一種偏激情緒，懷疑與抨擊一切。他一面指責康有為「以對病下藥之名醫自居，而求便於我功名之想。究之所行所為，不過書生之見，如梁山泊所謂白衣秀士王倫而已。迨至一經挫折，遂至舉平日所視為身心性命者，一扔而不復顧，曰君恩，曰友仇。」「天姬侍宴，眾仙同日詠霓裳；稚子候門，同作天涯淪落客」，一面又批評孫中山老於世故，「陽襲民權革命之名號以自便其私圖」，「其籠絡人才，假仁假義，口是心非，則梁山泊宋江之替人也。」[85]戢元丞也與之同調，「其

83 彭國興、劉晴波編：《秦力山集》，第159頁。

84 秦力山：《〈孫逸仙〉序》，《中國近代史資料叢刊·辛亥革命》（一），第91頁。

85 《中國滅亡論》，《國民報》，第3期，1901年7月10日。

志在革命，與力山最合，與任公為冰炭，與中山亦不協。」[86]過於偏激的政治態度令他們很難廣泛爭取同盟者。直到一九○二年冬，才有葉瀾等人的青年會，「是為日本留學界中革命團體之最早者。」[87]

值得一提的是，在國民會成立前，鄭貫一、馮自由、鄭斯欒等人於一九○○年底在橫濱創立過開智會，有名的《開智錄》，便是該會的機關報，又叫《開智會錄》。據蔡鍔受鄭貫一之托所撰《開智會序》，他們在「吾國民一受列強之壓制，一受滿人之鉗禁，則為兩層奴隸之勢成矣」之際，不「圖國民之自立」，而「猶以開智為議，創區區小舉」，是因為「爭權之道，必在充足吾國民智力也。智力既充，則雖一時瓜分，不能絕吾國民之華盛頓也。片時受兩層奴隸之辱，不能使吾民之自由鐘息聲也。一言以蔽之曰：中國之亡，非隨今日政府之亡，乃國民之智未拓，則一亡之後，無建新政府之日耳。」[88]該會成立後，得到橫濱僑商的廣泛支持，但「事務日繁，主持人少」[89]，主要會務為辦報印書，「爭自由發言之權，及輸進新思想以鼓盈國民獨立之精神為第一主義」[90]，組織功能反倒不顯突出。

（三）亡國紀念會。一九○二年的支那亡國二百四十二年紀念會，被視為原自立軍部分骨幹以及留日學生的革命化踏上新階段的重要標誌。但是，關於這一活動的一些重要問題，目前所據馮自由的各種記述與事實有所出入。

一、開會日期。據馮自由記，會期訂於舊曆三月十九日（4月25日）明崇禎帝殉國忌日。雖然清公使蔡鈞要求日方干預，但仍有小型

86 1902年3月18日《致吳君遂書》，湯志鈞編：《章太炎政論選集》，上冊，第163頁。

87 馮自由：《革命逸史》，初集，第102頁。

88 《開智錄》，改良第1期，1900年12月22日。

89 《本會核數告白》，《開智錄》，改良第2期，1901年1月5日。

90 《開智會錄緣起》，《開智錄》，改良第1期，1900年12月22日。

儀式。而據日本外務省檔案《在本邦清國留學生關係雜纂》卷三所存當時刊發的《集會通啟》，擬訂舉行紀念式的時間為四月二十七日上午十時。馮自由所據只有宣言書而無通啟，不一定可靠。

二、發起人即簽署宣言書者。馮自由稱：「宣言書既成，留學界初署名發起者十數人。有署名後中悔者數人，故僅得十人，即章炳麟、秦鼎彝（力山）、馮自由、朱菱溪、馬和（君武）、王家駒、陳猶龍、周宏業、李群（彬四）、王思誠等是也。」[91]與《集會通啟》所載有所不同。兩相比較，吻合者為章炳麟、秦力山、周宏業、馬君武、馮自由、李群、朱菱溪等七人。《通啟》所記王雄、或為王家駒、王思誠二者之一。另有唐蟒、馮斯欒，馮書失載，而陳猶龍為《通啟》所無。唐蟒字桂梁，湖南長沙人，唐才常之子，為自費預備入校生。時年僅十五歲。[92]他的加入，象徵意義重大。

三、據馮自由所記，該會僅為臨時紀念活動，並非固定組織。而據《通啟》所載會約三條，一、無論官商士庶，凡屬漢種皆可入會；和人有贊成者，待以來賓之禮。二、本會不取捐資，樂捐者聽。三、本會每歲開設二次，會期臨時澤定，以陽曆四月九日為限。則該會有常規化意向，且有一定的組織形式。

四、對留日學生的影響。馮自由稱：宣言書發出後，「留學生報名赴會者達數百人」，屆時「不約而赴會者有程家檉、汪榮寶等數百人。然是早上野精養軒門前及不忍池附近已有無數警吏監視，聲言禁止中國人開會，學生到軒門者均被日警勸告而散。」[93]因而一般認為在留學生中反響很大。

然而，綜合當時各方反應，事實並非如此。日本軍部福島安正少

---

91　馮自由：《革命逸史》，初集，第59頁。

92　《清國留學生會館第二次報告》。

93　馮自由：《革命逸史》，初集，第59-60頁。

將電告清政府:「頃有貴國不良之徒在東設會,將出亡國紀念會之名,誘惑留學生,即由當局者已行嚴辦矣。成城學校學生內有一名稍可疑者,現已飭令退學。其餘學生則知事類兒戲,幾無預聞者。」[94]正在日本考察學務的吳汝倫向管學大臣報告:「前主支那亡國紀念會及傳單等皆犯罪逋亡之張秉林所為,學生無一人在其中。」[95]另據留日學生監督梁煥奎、京師譯學館提調張緝光等人稱:「頃聞有逋人流寓東瀛者,倡為亡國二百四十二年紀念會,刊有一啟,為各留學生大不謂然。」[96]「日來有友自東洋歸,查悉亡國紀念會惟章、秦二人主之,各留學生多斥其謬。」[97]

吳汝倫等均係新派人物,此事發生後,清廷「袞袞者之心,莫不目日本留學生為叛黨。」他們擔心「內地訛傳,以為康焰復熾,必至為留學諸生之累」,「則一切東洋譯本書皆將為厲禁,而憲法之說更無由明,更難望有收用留學生之一日。」京師大學堂派往日本的學生,便因此由四十人減至十人,又由十人減至二人。為此,他們竭力向朝野各方解釋,力圖緩和緊張空氣,甚至要求「著論報端,聲明此旨,以保全吾國一線之生機。」[98]言詞間不免有所遮掩。日本方面也唯恐此事影響其吸收中國留學生的通盤計劃,低調處理。而且,由於警署干預開會不成,與無人回應畢竟大不相同。

如果說日方和官紳記載只能反映亡國紀念會的實際結局,那麼幾位當事人所記則顯然包含留學生的主觀態度。章炳麟《秦力山傳》稱:「余與力山起中夏亡國二百四十二年紀念會,和者雖不廣,亦不

94 故宮博物館編印:《清光緒朝中日交涉史料》卷六六。

95 《吳摯甫京卿致管學大臣書》,《選報》,第25期,1902年8月14日。

96 上海圖書館編:《汪康年師友書札》(二),第1879頁。

97 上海圖書館編:《汪康年師友書札》(二),第1790頁。

98 上海圖書館編:《汪康年師友書札》(二),第1879、1790頁。

怪也。」[99]秦力山《說革命》記道：「章君枚叔等十人，開亡國二百五十二年紀念會於東京，內地及香港等處志士遙應之，震起國人種族觀念。然而此時學生全體之腐敗，幾乎一落千丈也。」[100]後來他告訴章士釗：

> 時當庚子之第三年（即光緒二十八年壬寅），中國革命黨人，包括彼與太炎及馮自由輩，無過十餘人，自哀無國，聚而橫議。上野公園內，有西式菜館曰精養軒，顧名思義，以美饌馳名一時，若輩輒蜂擁而往，開會其名，轟飲其實，嬉笑怒罵，無所不至。席間人人手持太炎預草序文一通，以志焚巢餘痛，而力山復作寶塔歌一首，其結尾十字句曰：「甚麼亡國會，精養軒一頓。」[101]

從留日學界的情形看，從一九〇一年勵志會分化到一九〇二年六月成城學校入學事件，恰好處於政治低潮時期。其間部分人雖懷革命情緒，但普遍傾向則是與清政府調整關係，緩和庚子以來的矛盾。在這種情況下，對公然鼓吹排滿的亡國紀念會當然不會積極回應。況且，當時留日學生總共不過四百人，其中辛丑十二月以前到東的共二百七十二人，[102]從辛丑十二月至壬寅三月間新到者一百三十四人。後一部分以官費陸軍生居多，政治傾向保守，[103]數百人赴會的可能性很

---

99　章炳麟：《太炎文錄》卷四，上海古書流通處，1924年印。

100　彭國興、劉晴波編：《秦力山集》，第159頁。

101　章士釗：《疏〈黃帝魂〉》，中國人民政治協商會議全國委員會文史資料研究委員會編：《辛亥革命回憶錄》第1集，北京，文史資料出版社，1981年版，第221頁。

102　《日本留學生調查錄》，《選報》，第10期，1902年3月20日。

103　《清國留學生會館第二次報告》。

小。直到是年底青年會成立時，因公開打出排滿旗號，發展還是至為不易。留日學界革命傾向的普遍公開化，到一九○三年才比較明顯。

## 三　壬寅東渡

胡漢民是中國近代史上的風雲人物，他先後於一九○二、一九○五年兩次東渡扶桑。又兩遇退學風潮。其中第一次東渡時間雖短，卻是他人生道路上的重要轉折，並對考察當時留日學界的普遍傾向具有典型意義。其自述及海內外的有關著述，對此事的描述頗多可斟酌之處，有必要加以考釘。

一、官派還是自費。據胡漢民自稱，當時「已絕意於滿洲之祿位。欲為人捉刀。得其報酬，為遊學費」，因此跑去考了個舉人，又於一九○一年秋（其自傳記為一九○二年）為某氏昆仲捉刀，使之雙雙中舉，結果得六千餘金，「而數年謀留學之志願以遂。」[104]看來似為自費。但參諸別種資料，則未必然。

胡漢民是以弘文學院速成師範生的名義去日本的。該科的設置，由弘文學院校長嘉納治五郎在一九○一年冬遊歷中國後創議，於一九○二年春開辦，設有六月、八月、九月、一年、一年半等名目。「其各學科之所由名……，蓋以吾政府派遣學生之檔上所以名吾學生者名之。」純屬因人設事。該校中國留學生批評日方這樣做的目的，是「欲援所謂服從主義，奪吾邦之教育界，創設弘文學院，立速成師範以為之招。」[105]速成師範科開始主要以清朝中央及各省官派學生為招收對象。一九○二年四月，湖南率先派胡元倓等十二人東渡進入該科，期

---

104　《胡漢民自傳》，《近代史資料》，1981年第2期。

105　《弘文學院學生退校善後始末記》，《江蘇》，第1期，1903年4月27日。

限六個月,「每人發給遊學費四百元。又發給銀五十兩,作為贍養家室之費。」[106]隨後,湖北、廣東、浙江、江蘇等省陸續派遣,皆為官費。雖然後來「自費生亦往往廁列其間」[107],但一般不是成批入學。而胡漢民等一行共二十餘人,係由兩廣總督陶模「派赴」日本,期限統一為六個月。臨行時,陶模還特派洋務委員沈喜男護送各生至香港乘船。[108]除提前退學者外,這批學生均於光緒二十八年十一月卒業。回到廣州後,還要「詣督院稟到。」[109]種種跡象表明他們屬於官派。

　　另據與胡漢民「連袂東渡」的仰公記:「同行二十七人,多其(指胡漢民)所舉。」[110]自費生既不必被舉薦,更不會舉薦他人。再者,東渡時二十餘人統一乘坐二等艙,當時從香港到橫濱的船票,一等九十元,二等四十八元,三等二十一元,[111]自費生應視各人家境分乘不同艙位,不會毫無例外地選擇二等艙。而官費生一應旅費、學費、生活費均由政府負擔,不必自謀資斧。況且區區六個月時間,也無須六千金鉅款。清末留學日本費用較廉,擔任過出洋遊學生招待會留東總理的吳稚暉曾有具體說明:「弘文每年日幣三百,同文二百四十,清華則一百八十元可矣。所舉之數皆約連零用一切在內。」[112]比在國內的上海、北京、廣州等地還便宜。湖南學生所發款額,已有優待之意了。即使胡漢民打算以後轉為自費繼續學習,以三年為期,連同路費不過一千元足矣。他參加科考及為人捉刀,或別有所圖,或僅僅是時尚所趨罷了。

---

106　《湖南近百年大事記述》(修訂本),第176-177頁。

107　《浙江潮》,第7期,通信,1903年9月21日。

108　《遊學詳紀》,《彙報》,第392號,1902年7月9日。

109　《遊學匯志》,《選報》,第42期,1903年3月8日。

110　《大陸》,第4期,1903年3月8日。

111　《東遊統計表》,《嶺東日報》,1903年12月7日。

112　《志士吳稚暉說留學東洋之便利》,《選報》,第32期,1902年10月22日。

二、此行是否與吳稚暉同路。馮自由說得比較肯定：「壬寅（1902年）陶模督粵，派吳敬恒帶領學生數十人赴日本學習速成法政，以一年為期。漢民與詹憲慈、馮鴻若、周起鳳等預焉。」[113]而吳稚暉只是說：「我在廣東看見了官場內容，覺得格格不相近，故明年壬寅招考完畢，便帶了留學的親友，共二十六個少年，一同再上日本。」[114]臺灣蔣永敬教授所編《民國胡展堂先生漢民年譜》，雖然認為：「展堂先生這次赴日遊學，是否和吳同行？以及和哪些人同行？尚無詳確的記載」，仍引述了馮自由的說法，將吳、胡二人東渡混為一談。其實這是兩件沒有直接關聯的事。

一九〇一年冬，兩廣總督陶模廣東巡撫德壽籌辦廣東大學堂，因吳稚暉曾「肄業日本高等師範學校，夙究教育理法」，特電邀來粵，商辦一切。「籌商兩月，始將章程議定。」[115]次年五、六月之交，吳離粵返滬，然後赴日。關於此事詳情，一九〇二年七月五日《選報》第二十一期報導如下：「吳稚暉孝廉訂定廣東大學堂章程後。於四月下旬由粵抵滬，即回無錫偕其夫人並女學生數人復至上海，已於昨日登輪巡赴日本。」同行的八名女學生為：上海曹麗雲、元和陳彥安、無錫華桂芳、胡彬華、周佩珍、俞文婉、馮元賽、陽湖吳芙，均為吳本人及戚友的兒孫妹媳。「前四位擬寄宿舍東洋女士下田歌子家，入華族女學校，後四為擬分入中小學校。」

由此可知，第一，吳稚暉並非直接由廣東乘船赴日，而是先回無錫，再由上海東渡。第二，時間約在一九〇二年七月初。第三，同行者僅其妻女及由江蘇帶出的女學生，沒有廣東官費男生，且無二十六人之眾。羅家倫主編的《國父年譜》引述吳稚暉的回憶說：他「率學

---

113 馮自由：《革命逸史》，初集，第186頁。

114 吳稚暉：《回憶蔣竹莊先生之回憶》，《東方雜誌》，第33卷，第1號，1936年1月1日。

115 《前粵督陶粵撫德奏陳廣東大學堂開辦情形摺》，《選報》，第30期，1902年10月2日。

生沈剛、沈覲恒（後單名沈恒）、沈覲鼎及李准之弟，同至上海，又增添無錫學生吳震修等共二十六人，同赴日本。」[116]但其中沈姓數人為福建侯官人，據《清國留學生會館第二次報告》題名錄，簽到日期為光緒廿八年四月。而隨吳稚暉赴東的八名女生，簽到日期則為光緒廿八年五月。根據前引《選報》報導，吳稚暉不可能於廿八年四月抵達日本。他的回憶大概是將此事與後來成城入學事件相混淆。在那次事件中，隨他入使館請願者恰好也是二十六人，而且沈剛等人均在內。[117]

至於胡漢民東渡的情形，因事屬創新，乘船又頗費周折，故《世說編》有詳細報導，茲照錄於下：

粵東派赴日本速成師範生共二十七人，督憲轉派洋務委員沈喜男大令於上月十一日護送各生至港。沈大令先至日本領事官野間政一君並美國公司馬沙打君處關照一切，知「廣島丸」早已開行，乃擬改坐「日本丸」。惟該船新例，凡由港登船搭客，每人均須薰浴。各生初出國門，聞之頗有難色。沈大令晤商管理薰浴洋醫生，告同行者皆上等學生，並無疾病，懇請特免薰浴。醫生許之，但須俟上船時再行察看。而楊君玉銜、彭君金銘、周君祥鶯三人仍以為患，謂搭「備後丸」可免。大令再三慰語，謂：「諸君初經滄海，難免眩暈，『備後丸』船小，直抵神戶、橫濱，天氣炎熱，尤為辛苦。『日本丸』繫上等郵船，頗極宏敞，每至上海、長崎、馬關、神戶、橫濱，沿途口岸，均當寄錨，盡可登岸遊覽，不至十分困鬱。昨與醫生說情，必

---

116 羅家倫主編、黃季陸增訂：《國父年譜》，上冊，臺北，中國國民黨中央黨史史料編纂委員會1969年版，第147頁。

117 《蔡使要求日本員警入署拘捕學生始末記》，《新民叢報》，第13號，1902年8月4日。吳稚暉欲保送入校的九名自費生亦非由他帶到日本，他們省籍各異，簽到日期或四月或五月，顯然不是同批到達。

能以異數相待也。」楊君玉銜、彭君金銘、周君祥鸞疑慮如
故，遂率朱君念慈、陳君廷泰、謝君祖詒、範君公黨、陳君懋
功、蔣君禹廷九人分乘「備後丸」，胡君衍鴻等十六人隨沈大
令至美國紅十字會薰浴船。大令以前情相告，醫生頷之，檢行
篋一件，所裝皆潔淨衣服及書籍圖畫等。正醫生謂副醫生曰：
「果然潔淨，甚為難得。」大令曰：「各箱皆如是，我不敢誑
君也。」兩醫生欣然遂止，請諸君徑上「日本丸」。未幾，再
來審察面色，以沈君藻清稍有倦容，持寒暑管令口含之，雲熱
度過高，疑其有病，著令下禮拜再行附輪，尚可趕及。周君起
鳳先在橫濱等候。計此次坐「日本丸」者十六人，坐「備後
丸」者九人，十三日下午一點鐘同時開行，皆乘二等艙。「備
後丸」約十九可抵橫濱。「日本丸」因各口岸有停輪，後一日
到云。[118]

　　此則報導，可以澄清如下問題：第一，胡漢民東渡的具體日期是
一九○二年六月十八日，如果不出意外，應於六月二十五日抵達日本。
這與《清國留學生會館第二次報告》題名錄的簽到時間相吻合。[119]第
二，登船地點為香港。第三，這批速成師範生共二十七人，其中一人
已在橫濱，一人因病緩行，同行者實為二十五人。除報導中提及姓名
的十二人外，還有詹菊隱、劉伯中、莊丙漢，區彬如、陶效勉、易廷
元、李文榘、沈誦清、關賡麟、馮梁、馮恃、李濱樞、張淦光，另有
二人佚其名。[120]胡漢民本人乘坐「日本丸」。因此，他顯然不是和吳

---

118 轉錄自《彙報》第392號，1902年7月9日。
119 題名錄上簽到時間寫為廿四年五月，應為廿八年之誤。胡漢民因提前歸國，故表
　　上無名。
120 參見《清國留學生會館第二次報告》；《演說略述》，《彙報》，第421號，1902年10
　　月18日。

稚暉同船東渡。儘管他們在廣東時過從甚密，胡赴日留學還得到吳稚暉的贊同支持，東渡時間也相近，具體行動卻是各不相干。

　　三、退學歸國時間。一九〇二年七月二十八日，胡漢民到日本甫一月，留日學界就爆發了成城學校入學事件。吳稚暉、孫揆均二人為敦促清政府駐日公使蔡鈞保送自費生入成城學校學習陸軍，帶領同學到使館靜坐請願，被蔡鈞勾結日本警方逮捕。八月六日，東京警署將吳、孫二人押解出境。吳稚暉決心「以屍為諫」，投水自沉，遺書中痛陳：「民權自由，建邦天則，削髮維新，片言可決」，「欲以一死喚醒群夢，起國民權利思想。」[121]雖獲救不死，卻使留學生大受刺激。「自吳、孫兩君之見放，國恥觀念益湧起於學生人人之胸中。吳君出行之日，侵晨六點鐘，學生群集新橋驛（東京之火車站）相送者數百人。」「吳、孫二君去後，神田鈴木町之留學生會館日日集議」，「以日本人徇一俗吏所請，蔑視我國民全體，毫無可指名之罪而放逐我同學，吾儕腆顏留此，實無面目，誓相率歸國，寧失學問，勿失名譽。萬喙一聲，洶洶不可壓抑。」最後議決：「擬暫停課，以待此事之著落。若無著落，退學未晚。」[122]但已有不少人自動棄學歸國。

　　胡漢民所在的弘文學院，退學呼聲更加高亢。當時的報導說：「東京弘文書院有中國留學生一百數十名，偕同他校學生二百名左右，彼此會議，均有去日之意，有欲回中國，有欲赴英國留學者。」[123]胡漢民本人就是積極鼓動者之一，「憤於公義，謀所以歸國之道。」然而，留學生思想參差不齊，不少人怕事畏禍，全體退學之舉終付流水。同批赴日的廣東速成師範生，對胡漢民「平日崇拜尊奉，至是而和者甚寡，且生反對之潮。」[124]胡漢民後來回憶道：「余遂率同學反

<hr />

121　《附記一則》，《新民叢報》，第13號，1902年8月4日。

122　《尺素六千紙》，《新民叢報》，第14號，1902年8月18日。

123　《蔡吳閱案》，《文言報》，第7號，1902年。

124　《大陸》，第4期，1903年3月8日。

對清公使，反對日政府，提出條件於日本教育當局，以退學為要求。
日本稍緩和其事，而教育當局更誘脅諸言罷學者。余本為廣東同學之
領袖，退學之議，又經開會而決定，顧同學多畏禍，則中變而私為悔
覺書上於學校。余益憤，遂單獨提出退學書，逕歸國，從之者數人而
已。」[125]一起退學的幾位同學是詹菊隱、劉伯中、莊丙漢、區彬如。
不過，退學後胡漢民並未立即歸國，而是一度客居日本人三矢氏家，
主人對他「相待至厚」。遷延一個月，到這一年的中秋前夕（9月中
旬）才登輪啟程，返回故國。中秋之夜，胡漢民佇立船頭，夜色沉
沉，滄海茫茫，掐指算來，「東去西還止十旬」，為時百日，幾經挫
折，不由感慨萬千。

胡漢民此時的思想傾向。他後來自稱：東渡前「已持排滿革命宗
旨，」「苦求不得革命之方略，則以為從教育著手，使學界丕變，為達
到目的之唯一法門。」[126]而吳稚暉卻說：「我在廣東同胡展堂至少相
聚過三十二十回，雖曾講著史堅如被殺，十分憤惋，他尚未會過總
理，說不到革命」，只是「其時革命的名詞，好像已經不甚刺耳。」[127]
從日本歸國後，胡漢民一度主講於梧州中學堂和師範學堂，據他後來
說：「以其間為學生講民族革命之要」，招致梧州紳士的連銜攻訐，指
其「隨時演說，無非革命之莠言，以聖經賢傳為陳言，以平等自由為
時務。」且自詡「素薄」康有為之「為人與其學說」。[128]馮自由回憶
他一九〇二年六月去橫濱碼頭接胡漢民時，胡雖對梁啟超頗有好感，
卻是因為「任公宗旨仍在民族主義，與其師康有為根本不同。」[129]可

---

125 《胡漢民自傳》，《近代史資料》，1981年第2期。
126 《胡漢民自傳》，《近代史資料》，1981年第2期。
127 吳稚暉：《回憶蔣竹莊先生之回憶》，《東方雜誌》，第33卷，第1號，1936年1月1日。
128 《胡漢民自傳》，《近代史資料》，1981年第2期。
129 馮自由：《革命逸史》，初集，第186頁。

是根據當時《嶺東日報》的報導，梧州紳士許慶慈等人「赴梧州府聯控中學堂教習舉人胡衍鴻詆斥孔孟，祖述康梁」[130]，其罪名與革命無關，倒是與康梁有些瓜葛。由於這些記載相互牴牾，難以引為確證。

　　胡漢民的扶桑三月遊，適逢留日學界政治上由消沉走向活躍的轉折時期，而其到東之初，更處於這個低潮的谷底，因而雖然得償夙願，卻感到茫然若失，「鬱鬱無所得」[131]。他後來回憶這一段經歷心境時說：「以校中所授課，殊不足副所期望。間與日本所謂在野民黨領袖數人談，亦無所得。由粵偕行之同學，思想平庸，更無可與言者。」「留學生全體多不滿於清廷之政治，傲然以未來之主人翁自居；然思想無統系，行動無組織，保皇黨之餘波，立憲派之濫觴，亦參雜於其間。吳稚暉於留學生總會歡迎會演說，亦僅能為痛詆西太后之言論而已。留學生會館則懸有湖北留學士官之謀武漢革命為張之洞所殺者四人相片，然未有敢公然評論其事實之經過者。余時意志鬱鬱。」[132]抱著取經救國熱望東渡求學的胡漢民，對留日學界這種萬馬齊暗的沉悶局面大失所望，這大概是促使其毅然退學歸國的原因之一。

　　然而，留學界的消沉畢竟是高壓下的表象，孕育畜積的地火終於在成城入學事件上找到突破口，猛烈噴發出來。全體罷學不果，胡漢民深受刺激，在回國前夕和歸途中，他與友人賦詩唱和，一吐胸中塊壘。這幾首詩在海內外編輯出版的胡漢民各種詩文集中均未收入，有關的傳記、年譜及其他著述亦未引用。考慮到它們對測定胡漢民此時的思想傾向有重要價值，不妨連同友人的詩一併抄錄於下：

---

130　《梧州學堂之批語》，《嶺東日報》，1903年12月8日。

131　《大陸》，第4期，文苑，1903年3月8日。

132　《胡漢民自傳》，《近代史資料》，1981年第2期。

壬寅之夏，粵督陶模派遣遊學，余與展子連袂東渡。既至，鬱鬱無所得。適吳、孫兩君以保送留學生與蔡衝突見逐，展子憤於公義，謀所以歸國之道。同行二十七人，多其所舉，平日崇拜尊奉，至是而和者甚寡，且生反對之潮。余既憫若輩之無志，且為展堂抱知人之憾，輒成二律以自解，即以送展子之行也。

### 仰公

漫說今吾勝故吾，我名一任馬牛呼。沿門乞食言詞拙，陌路論交氣類孤。棋不爭先輸到底，玉還未琢掩其瑜。神山約略千重遠，樵斧丁丁不識途。

立錐何必苦思家，歧路茫茫日正斜。無木能炊名士餅，有緣來食女兒茶。誤騎虎背詮難解，學畫蛾眉譜已差。芳草迷離尋不見，年來一例混蓬麻。

### 即韻答仰公　展子

民權公理慣支吾，未受人間黨派呼。鑄鐵無心當致錯，殘棋有子敢言孤。聰明不敢藏圭角，暇垢何曾累瑾瑜。我志從今方自勵，懶從阮籍感窮途。

窮愁無日不思家，望斷南天雁字斜。避地又逢東道主（退學客三矢氏，相待至厚），涼秋初試故鄉茶。憂天才調雖無益，蹈海心期總未差。莫道薰蕕多異味，從來菅蒯附絲麻。

### 既和仰公復得四律　展子

艱難回首問吾徒，落落風塵志豈孤。出塞不逢蘇武節，辭秦羞上李斯書。催眠有術誰先覺，唾面能幹我不如。縱使蓬萊風景好，故鄉吾亦愛吾廬。

要從十萬試橫磨，一著儒冠恨便多。未信他鄉難作客，常聞同室善操戈。新交慷慨皆奇士，濁酒登臨付醉歌。遺恨吞吳真失策，受人穿鼻國如何。

虎鬥龍爭未有涯，同洲同種漫相依。強權可握秦先帝，貴族無
才宋自卑。一局殘棋嗟此日，環球公理語何時。燕巢危幕原難
久，風雨秋來知不知。

紛紛才士志朱顏，國事而今見一斑。漫說聞難能起舞，翻疑倦
鳥自飛還。百年哀樂消排易，廿紀風潮抵禦難。自是全甌同鞏
固，何人破碎此河山。

中秋夜舟中作　展子

東去西還止十旬，莫將鴻雪話緣因。茫茫滄海橫流日，耿耿星
河獨夜辰。學界漸除奴性盡，腦中贏得主權新。恍然疑聽鈞天
奏，夷樂侏離不可聞。

大屈龍蛇轉一伸，自由從此見精神。長途行篋三山草，故國秋
風八月蓴。並世祖劉爭此著，同舟李郭更何人。拂衣夜嘯江湖
黑，回首滄瀛莫問津。[133]

　　詩言志。這些詩清楚地再現了胡漢民當時的內心世界。他充滿對
祖國破碎山河的熱愛和悲愴之情，痛感亡國危機的緊迫，廿紀風潮的
催逼，不甘受人穿鼻，做人奴隸；對於同室操戈，兄弟鬩於牆的行徑
尤為痛心疾首，憎恨清廷君臣禍國殃民；並深刻認識到，在龍爭虎
鬥，強權即公理的世界中，根本不能相信所謂同洲同種的騙人鬼話！
西方近代民主意識在其腦海中業已留下深刻印記，「學界漸除奴性
盡，腦中贏得主權新」，是他的理想和希望，並因此而恃才傲物，堅
持人格獨立，不屑與取媚官場之輩為伍。他已不再單純是頂著舉人功
名的儒生士子，而是歐風美雨激盪胸中，以愛國救亡為己任，追求自
由的民主鬥士。為此，他立蹈海之志，以挫折為動力，激流勇進，

---

133　《大陸》，第4期，文苑，1903年3月8日。

「大屈雲龍轉一伸,自由從此見精神」,「我志從今方自勵,懶從阮籍感窮途」,表現了激進新知識分子不屈不撓的進取精神。

然而,還不能簡單地將他劃入已開始形成尖銳對立的革命或保皇派陣營中去。「民權公理慣支吾,未受人間黨派呼」,這種觀念在當時中國新知識界十分流行。陳由己(獨秀)說得更加清楚:「勤王革命皆形跡,有逆吾心罔不鳴。」[134]集中體現專制統治秩序的清王朝本是他們共同的大敵,彼此有著以民權民主反對皇權專制的共同意願,沒有必要再分楚河漢界。至於革命或保皇的政見分歧,則是進一步追究的問題。因此不少反清志士走上革命道路時,主要是從梁啟超那裡獲得精神動力,而不是受革命黨的鼓動影響。他們不僅視梁啟超為同黨,甚至奉為旗幟。

統治者的決策使這種傾向得到加強。清政府並未將保皇、革命兩派區別對待,雙方的領袖均被指為叛賊逋犯。一九○三年,清廷擬大赦天下,惟康梁與孫中山例外,就是明證。儘管兩派分歧磨擦幾乎從一開始就存在,但發展到勢不兩立的公開對抗,並產生廣泛影響,則經歷了一個演變過程。胡漢民在另一首據說同樣寫於一九○二年的《為平田氏題蠖屈圖》詩中,也明確表達過反滿情緒,[135]但還不能說已具備孫中山式的革命觀念。胡漢民等人退學歸國後,曾於九月二十七日應邀到廣東時敏學堂向學生演說,胡首先登臺,「言日本招待中國學生實陰行其外交政策,故一以籠絡中國政府為事,因以誘奪其利權,此我國民所宜知也。」[136]其他三人的演說內容亦僅涉及遊學、教育和愛國,而沒有革命色彩。堅持愛國救亡,反對君主專制,追求民

---

134 由己:《題西鄉南洲遊獵圖》,《國民日日報》,1903年8月17日。

135 中國國民黨中央黨史史料編纂委員會編印:《革命先烈先進詩文選集》第3冊,臺北,1965年版,第1743頁。

136 《演說述略》,《彙報》,第421號,1902年10月18日。

主自由，是新知識界在從渾沌到有序的過渡期的主導傾向，胡漢民東渡其人其事的典型意義正在於此。

## 四　排滿演說

一九〇三年舊曆元旦的東京清國留學生會館排滿演說，是具有一定政治影響的事件，曾在留日學界和國內引起不小的反響，預示著革命熱潮即將來臨。但目前史學界關於此事引以為據的兩條主要資料，即劉成禺《先總理舊德錄》和馮自由《中華民國開國前革命史》中的有關記載，卻有不少失實之處。兩人所記如下：

> 壬寅、癸卯間，東京學生雜誌風起，高談民族主義，倡言革命，而諱言排滿。先生（即孫中山）憂之，曰：「名不正則言不順，匣劍幃燈之宣傳無益也。」召成禺及馬君武赴橫濱曰：「吾朋儕中有勇氣毅力，莫如兩子，余非依違兩可，即臨陣脫逃者。民族革命，要在排滿，捨排滿而言民族，其能喚起國內人民之清醒乎？今有一機會，元旦留學生團體，歡迎振貝子，公使蔡鈞、監督汪大燮皆在，開演說會。禺生與君武，能提出排滿二字，以救中國，大放其辭，自能震動清廷，風靡全國。禺生楚人，君武原籍湖北蒲圻，彼亦楚人也。身家性命功名富貴之徒，不足與言亡秦之事矣。」元旦日，蒞留學生會館，首由馬君武登臺演說排滿，聲淚俱下，予繼之。當日全國通電，皆言劉成禺，而不言馬君武，故予一人獲罪。[137]
>
> 癸卯元旦，各省學生在駿河臺留學生會館舉行新正團拜禮，到

---

137 劉成禺：《先總理舊德錄》，《國史館館刊》，創刊號，第46頁。

者千餘人。清公使蔡鈞亦到。時有廣西人馬君武、湖北人劉成禺先後演說滿洲吞滅中國之歷史，主張非排除滿族專制，恢復漢人主權，不足以救中國。慷慨急昂，滿座鼓掌。滿宗室長福起而駁之，為眾呵斥而止。事後劉成禺因此被開去成城學校學籍，不許入士官學校。長福由蔡均力保，得充橫濱領事。[138]

　　這兩條記載，乍一看言之鑿鑿，仔細推敲，參諸其他史料，則難以奉為信史。

　　一、演說時間及與會人數。馮、劉二人稱演說發生於癸卯元旦，即一九〇三年一月二十九日。近年出版的有關著作均沿用此說。但當時出版的《選報》第五十一期所發詳細報導《滿洲留學生風潮》記載：「新正初二日，東京留學生會館大集同學，兼請國人到館演說。」據此，則演說的具體日期是一九〇三年一月三十日。《選報》的主持者與留日學界關係密切，並在東京設有訪事人，而且該文係輯錄《蘇報》等各日報的報導而成，內容多為來自東京的現場消息，並非捕風捉影的傳聞，因此可靠性較高。當時有些報導標以「元旦會館演說」，應係泛指。

　　至於與會人數，馮自由說有一千餘人，而《選報》記為五、六百人。據《清國留學生會館第二次報告》中的題名錄統計，當時中國留日學生總數為六百四十二人，[139]除去未到會者，估計有六百人與會，《選報》的報導是準確的。

　　二、演說者。據馮、劉二人回憶，當日演說排滿者為劉成禺、馬君武兩人。然而根據當時的報導，發表排滿演說者只有馬君武一人。

---

138 馮自由：《中華民國開國前革命史》上編，第48-49頁。
139 該報告統計到一九〇三年三月止，共六百六十八人，其中有二十六人是舊曆元旦後才到日本。

《選報》所載《滿洲留學生風潮》一文，比較詳細地記述了大會的過程：

> 時有廣西馬某在座，眾首推之。馬登壇力數滿人今昔之殘暴，竊位之可惡，誤國之可恨，應如何仇視，如何看待。座中除三十餘名滿人外，約有五六百人皆鼓掌。逾刻滿人互相語曰：「寧送朋友，不與家奴，誠吾人待漢奴不易之策也。」馬退而湘人樊錐繼之，言：「中國患在外而不在內，滿雖外族，仍為黃種，不宜同種相仇，與人以鷸蚌之利。」滿堂寂然無和之者。最後則汪大燮續演，略謂：「諸君皆在學年，正宜肆力於學界。語曰：思不出其位。吾敢以為諸君勸云。」

據此，這次大會共有三人演說，即馬君武、樊錐、汪大燮。後兩人的演說，目的在於直接或間接反對馬君武的觀點。此外，《黃帝魂》一書中的《滿學生與漢學生》也說：「元旦學生會館演說，有某生者，主張排滿」；陳天華的《獅子吼》描寫道：「留學生在日本，有一個會館，每年開大會兩次。有一回當開大會之時，一人在演臺上，公然演說排滿的話，此時恃著人眾，鼓掌快意。」[140]可見當天演說排滿的只有馬君武一人。馬雖與梁啟超及《新民叢報》關係十分密切，卻懷抱革命宗旨。他利用時機鼓吹排滿，是十分自然的事。其演說的具體內容為：

> 一若滿之為滿，為今天下所當共排。其意蓋謂滿人之飲食宮室何所取資，曰惟漢人是賴。滿人之衣服男女何所取資，亦曰惟

---

140 陳天華著：《中國國民黨叢書・陳天華集》，上海，中國文化服務社，1946年版，第172-173頁。

漢人是賴。漢人日竭其出作入息、胼手胝足之勤勞，以供給此不耕而食，不織而衣之輩，於心已不能平，況又削漢膏腴以保彼晏遊之地，割漢行省以贖彼根本之區，今又以三十九年之攤還四百餘兆之賠款，斫骨削肉，飲血啜脂，福則惟滿獨憂，禍則惟漢獨受，天下事之至不平者無過於此，蓋欲不排烏得而不排！間嘗反覆其旨，大抵亦本自由平權等說而來。[141]

　　至於劉成禺，則沒有在會場上演說排滿，而是乘勢回應，「在《湖北學生界》暢說人種，與元旦議論頗多疑似，故亦為滿學生所忌。」[142] 劉成禺的文章題為《歷史廣義・內篇》，連載於《湖北學生界》第一、三期上，其中第一章即為《人種》。該文稱：「秦漢以後之歷史，真可謂世界上空前絕後一部大奴隸史也」，「南北朝遼金元諸史，所述某帝天性仁厚重儒術，某帝英武過人，勘定大敵，宣揚讚歎，幾有認外種人為吾之祖若宗者。無怪乎奴隸根性養之數千年，而流毒孔長也。」文章表面雖然主要針對列強，但隱含排滿傾向，甚至對保皇派的擁帝也隱加批評，認為：「無論他種人有華盛頓之君，有極自由之政，終不讓彼竊我公產，侵我民權，污穢我人種的歷史上之人物也。」[143]

　　由於馬、劉兩人同時在不同場合發表過排滿言論或文章，又出現

---

141 《論宗室長福勸八旗子弟遊學》，《彙報》，第534號，1903年12月2日。此文稱「前年劉成禺於元旦倡排滿之說」，應為當年馬君武之誤。據《教育界之風潮》，一九〇二年舊曆新正團拜大會時，有人稱會場為美國獨立廳。馮自由《革命逸史》第4集《記東京中國留學生會館》稱，此事發生於一九〇一年秋冬，為中國留學生會館成立時，吳祿貞致開會辭所說。據《新民叢報》第五號《中國留學生新年會記事》，一九〇二年舊曆元旦正值清國留學生會館成立，由蔡鈞宴請全體留學生於九段阪偕行社，並無排滿演說之事。

142 《記滿漢留學生之衝突》，《蘇報》，1903年3月9日。

143 《湖北學生界》，第1期，1903年1月29日。

於同一報導之中，容易令人混淆。一九〇三年《彙報》的一篇論說已將演說者誤記為劉成禺，孫中山在《革命原起》中也只提及劉成禺的名字。後來劉自覺不妥，撰文為馬君武表功，然而有意無意間又把自己加了進去，結果劉、馬之誤部分得到糾正，演說者卻由一人增為兩人，真是越理越亂了。另據一九〇三年七月六日章炳麟《獄中答新聞報》：鄒容「元旦演說，已大倡排滿主義。」[144]但當時章並不在日本，事後傳聞，不足為據。

　　與此有關的問題，是對馬君武、劉成禺兩人的處理。劉成禺自稱：「練兵處奏清廷，廷寄不准學陸軍入士官學校，抄籍武昌家產，逐出東京。後由汪大燮賠款六千元赴美，與學生會館幹事訂立條約，劉成禺一人不入士官，易自費生二十人學陸軍，方聲濤等皆條約所交換。辦理此案，則蔡鍔、蔣百里、胡文瀾諸人也。」[145]參照其他資料，亦屬誇張之詞。首先，劉成禺並未立即離開日本，拒俄運動興起時，他參加了五月成立的學生軍和軍國民教育會，後又往來於上海、東京間，直到一九〇四年五月以後，才應聘前往三藩市任《大同日報》主筆。

　　其次，清政府並無以劉成禺交換二十名自費生學陸軍之舉。據報載：「東京成城學校卒業生湖北劉君成禺為滿洲同學所持，不許入聯隊進士官學校」，「日人以信用支那政府為外交主義，亦允其請，故劉君竟無可設法。」[146]部分滿族學生還策動當局，不准保送漢族學生學習陸軍，「今漢學生不能入陸軍學校，方信此事非訛傳。湖南提督之子亦不得入陸軍學校。今應有二十餘人由成城學校卒業升入聯隊者，學生中紛紛傳說，謂監督得有政府電諭，不許保送漢學生入陸軍學

---

144 湯志鈞編：《章太炎政論選集》，上冊，第233頁。
145 《先總理舊德錄》，《國史館館刊》，創刊號。
146 《記滿漢留學生之衝突》，《蘇報》，1903年3月9日。

校。」[147]在控制留日學生學習軍事的問題上，清政府已多次與留學生發生衝突，這次同樣激化矛盾。漢族學生聞訊，「全體譁然，各開同鄉會以牟救濟」[148]，「東京滿漢衝突甚為劇烈。」[149]在留學生的堅決鬥爭下，清政府不得不遵守一九〇二年七月成城學校入學衝突後達成的協議，繼續保送漢族學生。

再次，清政府處理的重點是馬君武，對劉成禺則只是不准其升入聯隊。當時馬君武有意轉入成城學校學習陸軍，「某某兩生並脅學生監督汪大燮，使不許送主張排滿之某生入成城學校。」[150]元旦演說事令汪大燮十分惱怒，指馬君武「昌言無忌，性氣尤劣，正思有以治之而無術」，暗中指使汪康年「設法令其母一控，由江南諸敝處押遣回國。」但又擔心馬君武與日本華族女學校校長下田歌子有交，「設辦不得手，反致生事」，囑咐汪康年「需告知日本領事轉達日外部，至以為要。」並再三叮囑：「如辦馬事，能覓一湘人與午帥（即魏光燾）處通氣，方能順手。第一不可洩漏，第二要使日本人不生阻力，第三要辦得神速。」[151]

不過，此事辦起來頗多窒礙，不易措手，汪大燮又轉而試圖化解矛盾。不久，他函告汪康年：「馬君武其人通英法文，筆下亦頗好，故前勸其赴歐美學，居然勸動。現已於前月下浣動身，大約日內可到上海矣。既離日本，前說即可不必，恐上海一有風聲，反迫其東來，轉多事也。此間事亦非用威所能行，寄居人國，凡一切押解驅逐之說，皆不能行，所謂無恩可懷，無危可畏，是以無法無天如此。細察

---

147 《滿洲留學生風潮》，《選報》，第51期，1903年5月10日。

148 《滿學生與漢學生》，黃藻編：《黃帝魂》，臺北，1968年影印，第112-113頁。

149 《記滿漢留學生之衝突》，《蘇報》，1903年3月9日。

150 《滿學生與漢學生》，黃藻編：《黃帝魂》，第112-113頁。

151 1903年2月24日《汪大燮來書》，上海圖書館編：《汪康年師友書札》（一），第824頁。

情形，即國家能用一二人，亦尚無益。緣其滋鬧之人，必不可用，亦自知必不見用，其喜事仍如故也。深思之真無善法耳。」[152]

作為留日學生的主管，汪大燮煞費苦心地對付一介書生，不僅表明清政府對留日學界日益增長的潛在威脅感到憂心忡忡，而且顯示其何等重視馬君武演說其人其事的影響，這也從一個側面反映出馬、劉兩人在此事件中角色地位的差異。劉成禺書多有不實之詞，此亦一例。

三、演說的策動者。劉成禺稱這次演說的策動者是孫中山，並詳細引述了孫中山向他和馬君武面授機宜的談話內容。可是，唯其情節愈詳則漏洞愈多。孫中山是一九○二年十二月初離開日本經香港轉赴河內的，[153]此時距癸卯元旦尚有近兩個月的時間，孫中山布置得如此周詳，本身已屬可疑。更為重要的是，即使元旦團拜演說已成通例，可以預先計及，清貝子載振去日本一事，卻無論如何是孫中山當時不可能得知的。

一九○二至一九○三年間，載振曾兩度去日本，第一次是一九○二年九月，為處理成城學校入學事件，調解留學生與公使蔡鈞的衝突。他於九月五日在駿河臺留學生會館召集成城、弘文、同文、清華、高等商業等校和帝國大學的中國留學生四百餘人，鼓吹了一番所謂「愛國」觀。九月二十四日回國。第二次去日本，是在一九○三年四月底至五月底。此番東渡，是為了參加日本在大阪舉行的勸業博覽會，並未與東京留學生會面。孫中山既不可能在一九○二年十二月上旬就得知載振的行止，而載振也不可能出席一九○三年一月三十日的東京留學生新春團拜。此外，東京留學生雜誌風起的情況，出現於一九○三

---

152 《汪大燮來書》，上海圖書館編：《汪康年師友書札》（一），第825頁。

153 孫中山抵達香港的時間是一九○二年十二月十三日，當時香港至橫濱有英、法、日等國輪船通航，途中正常航行時間為六至七天。參見《東遊統計表》，《嶺東日報》，1903年12月7日；《遊學詳記》，《彙報》，第392號，1902年7月9日。

年初，孫中山不會在一九○二年就對其中弱點進行針砭。可見這次演說雖然很可能受孫中山的思想影響，但直接策動者卻不是孫本人。

四、演說的反對者。馮自由《革命逸史》及其他一些記載稱，當馬君武演說之際，滿族學生長福從座位上跳出來大肆反對，並因此得到清政府的青睞，事後由蔡鈞保薦，當了橫濱領事。《蘇報》報導卻說：「今年元旦留學生會館演說時，有滿人長福聞而鼓掌。某滿人怒之以目，迨回寓時將責福曰：『彼毀我滿人，汝何鼓掌耶？』某曰：『吾未聞其有毀我滿人之語也。其所言善，吾安得不鼓掌？』」[154]據此，長福非但沒有跳出來反對排滿演說，而且是滿族學生中唯一與漢族學生一齊鼓掌表示贊同的人。兩種記載，截然相反，一個是面目可憎的跳梁小丑，另一個卻是凜凜正氣的進步學生，究竟哪一個是歷史上真實的長福？

從各方面材料看，馮自由筆下的長福是被扭曲了的形象或張冠李戴。長福，字壽卿，清朝宗室，正紅旗人。從一八九三年起以工部員外郎任記名外務部章京。一九○一年十一月一日，他與二十五名滿族學生東渡日本，進入弘文學院警務科，並擔任學長。[155]留學前長福的思想狀況，據他本人說，為官數年，昏昏擾擾，「甲午之役，漸知自愧，戊戌之變，尋知自強，至庚子之變，發奮投袂，遊學東瀛。」[156]留學期間，他廣泛閱讀各種日譯泰西新書，潛心研究日本近代政治制

---

154 《由日本回國者之談話》，《蘇報》，1903年4月24日。

155 《滿洲員警學生之歷史》，《蘇報》，1903年6月12日。長福等係北京官費生，由駐日公使那桐建議派遣。1901年11月1日，在警務衙門監督川島浪速、優藤內藤及小平等三人的率領下，從大沽乘「相模號」赴日本。(《開辦員警匯志》，《選報》，第2期，1901年11月21日) 曾一度傳聞川島與擔任學長的長福勾結侵吞清政府所發補助款和安家置裝費。事發後，滿族學生罷學欲驅逐川島、長福。但未能查實，最後不了了之。其中或別有隱情。

156 長福：《勸遊學書》，《湖南官報》，第291號，癸卯正月。

度，對日本官制及一切法度，知之甚詳。[157]

　　一九〇二至一九〇三年間，各省留日學生紛紛發表勸同鄉父老送子弟遊學書，長福也慨然揮毫，撰寫發表了長篇《勸遊學書》，呼籲八旗青年子弟東渡扶桑，為國求學。文章劈頭一句：「嗚呼！我中國今日幾不國矣！」接著歷述鴉片戰爭以來種種列強野蠻侵略和清政府喪權辱國的慘痛事實，指出甲午戰後列強掀起瓜分狂潮，使中國「門戶盡失，無險可據，而列國惟以弱肉強食，優勝劣敗之公例，日尋競爭。我不籌防止之術，則舉凡利權胥歸烏有。」對於八國聯軍燒殺擄掠的駭人暴行，長福尤感痛心疾首，同時清醒地指出：列強所以沒有瓜分中國，「非我有所恃，亦非彼有所不能也。蓋以列強勢均力敵，莫敢先發我。」提出中國必須矯正墨守陳規、無愛國心及缺乏公德等三大弊端。他指責「吾國守數千年之舊學，於人群之關係無所發明」，主張講求合群之義務，生團結之力，起進取之念，「推一己之利益而利益吾群。」作為一名北方士人，他對開埠通商後沿江沿海讀西書，講西學，以俾實用的情形表示讚賞，而批評直隸「讀書之士則鮮知時務」，府縣地方更「狃於守舊迂習」，只知排外仇教，「而不知別求自強之道，以立於列強競爭之世。」認為庚子拳變「有仇教之心，無克敵之術，其志固可嘉，而其愚則可憫已。」主張「經此大創，受此大辱，當如何臥薪嚐膽以圖報復，當如何呼號奮發以圖自強。」

　　長福不僅具有當時一般進步知識分子的愛國熱忱與救國切望，作為一名滿族學生，他還對十八省同胞懷有深切的內疚與自責。他痛斥當此亡國慘禍臨頭之際，滿人依然歌舞昇平，昏庸誤國，「愧我直奉八旗之人，猶復醉飽酣歌，安於撲塞固陋，而不知可危孰甚哉！」辛丑和局雖成，「重以賠款四百餘兆，負債五十年。雖各省為我分負

---

157　孫寶瑄：《忘山廬日記》，1903年6月9日，上冊，第693頁。

之，而我直奉八旗之人，問心能不恥乎？」為此，他呼籲八旗子弟源源赴東，「考求各種專門學術，迨至卒業回華，各就所長，施諸行事」，使「民德日進，民智日開，民力日厚」，這樣才不致「無以對各省之為我同負鉅款」，而「我直奉庶不為十八省同胞所見棄也！」[158] 這封呼籲書洋洋數千言，飽含痛楚、悔恨與憤懣，愛國救亡激情，跳躍於字裡行間，比之於其他各省留學生所著勸遊學書，獨具特色。無怪乎《彙報》發表專文對此評論道：「宗室長福勸八旗子弟遊學一書，覺其腦筋為獨靈，其目的為最準，其思潮與心血尤為極膨脹而極熱誠。然後歎八旗中莫謂無人，固自有識時務之俊傑在也。」[159] 後來他還與一批開明旗人在京師創設北京進化閱報處，助人看報，並設講報機構。

長福的政治傾向還不止於此，出於愛國救亡的動機，他甚至對排滿革命也表示了一定程度的同情與支持。長福回國後，一九〇三年六月三日，曾與外務部同僚孫寶瑄等人置酒縱談。席間他說：「今日之遊學日本者，多主張革命排滿，或立會或演說。吾雖滿人，絕不斥以為非，引以為憂。」這與他在元旦大會上的表現正相吻合。所以孫寶瑄聞聽之下，不禁讚歎長福「人極開敏，其腦中已灌注無限新理想。」[160] 孫曾任中國議會幹事，是官場士林中的新派人物，如果長福頑固守舊，不會得到他如此讚賞推許。

長福的激進傾向在行動上也有一定的表現。一九〇三年五月，他和另外三位滿族學生一起，毅然參加了革命色彩較強的愛國團體東京軍國民教育會。該組織的十三名幹部中有八名是革命團體青年會的成員，而且劉成禺也是會員。如果長福在三個月前剛剛扮演了一個反對

---

158 長福：《勸遊學書》，《湖南官報》，第291-294號。
159 《論宗室長福勸八旗子弟遊學》，《彙報》，第534號，1903年12月2日。
160 孫寶瑄：《忘山廬日記》，1903年6月3日，上冊，第690頁。

革命，人人唾棄的丑角，恐怕就未必會加入，也未必會被允許加入這個組織。

　　馮自由說長福因反對排滿演說有功，由蔡鈞力保，當上了清政府駐橫濱的領事，則更是無稽之談。長福的確在日本任過領事，但既非蔡鈞保舉，也不是在橫濱，更不是由於反對排滿演說而換取的賞賜。事實是，一九〇三年五月中下旬，長福由日本啟程歸國，[161]在外務部任候補主事。一九〇四年八月二十六日，橫濱正領事請假銷差，駐日公使楊樞以「橫濱一埠，最稱繁雜，僑寓該埠之華商多係廣東人，商情頗難接洽。現值考察商務，呈報商部之際，該埠領事更須慎加遴選，以期得力」為由，舉薦原神戶正領事吳仲懿（廣東人）調補橫濱正領事，而讓長福接任較次要的神戶正領事一職。[162]蔡鈞早已於一九〇三年十月十五日離任，此事與他毫無關係。[163]

　　至於楊樞保舉長福，不過說他「年富力強，趨公勤慎」[164]，根本未提及反對排滿演說的「功績」；而且以橫濱正領事的空缺讓神戶領事接充，只讓長福任地位較低的神戶領事，可見對他並無特殊優待。此次調任不知何故而未實授，到一九〇七年九月三日，總理大臣奕劻又再度提出讓當時仍以外務部候補主事名義在神戶領事館辦事的長福當神戶領事。[165]到次年五月十七日，長福便離任，職位由長崎領事張

---

161 軍國民教育會成立於五月十一日，而六月三日長福已在北京，計及旅途時間，估計其於五月中下旬歸國。

162 《出使日本大臣楊樞請調人員派充領事官摺》，光緒三十年七月十六日，故宮博物館編印：《清光緒朝中日交涉史料》卷六八。

163 《駐日本大臣蔡鈞至外務部電》，光緒二十九年八月二十八日，故宮博物館編印：《清光緒朝中日交涉史料》卷六七。楊樞於一九〇三年六月十五日即被任命為駐日公使，十月十五日正式到任。

164 《出使日本大臣楊樞請調人員派充領事官摺》，故宮博物館編印：《清光緒朝中日交涉史料》卷六八。

165 《外務部奏揀員派充駐日本使署參贊領事各缺摺》，光緒三十三年七月二十六日，故宮博物館編印：《清光緒朝中日交涉史料》卷七一。

鴻調補。可見他在仕途上頗為失意，絲毫沒有血染頂子，官運亨通的跡象。任職神戶領事期間，長福與梁啟超等往還至密。一九一〇年夏秋之際，長福還在北京寓碑塔胡同自己的寓所接待康有為弟子潘博，積極協助梁啟超等人運動開放黨禁。[166]

　　不過，面對公開的排滿演說，以宗室親貴為主的滿族留學生的確普遍反映強烈，他們「兩日不食，作書三百餘通，飛告各省滿洲大員之自愛其種。」[167]其中以良弼為首的一些人「尤為鷙悍，素持制漢之旨，今聞聚議，立有三策，一請諸政府多殺漢人，殺一人好一個，此為激烈辦法。二殺一二人以警其餘，此為和平辦法。三速請多派滿人學習陸軍員警，漢人則以後不許習陸軍員警諸學，此為常治久安之辦法。」[168]在其鼓動下，「東京滿洲留學生倡立一會，其宗旨有三，第一，稟求政府禁漢人學兵。第二，削奪漢官之權。第三，殺滅漢族。會中人若得勢之日，不殺漢人，群斥為豬狗，絕不認為滿人。」[169]一時間輿論為之譁然。遠在加拿大溫哥華的梁啟超聞知此事，大罵「滿洲鬼良弼干涉監督」，主張「開一十八省漢族統一學生會」，[170]與之對抗。顯然，滿族學生中死硬派的首領不是長福，而是後來因反對革命而被暗殺的良弼，反對的形式也不是當場跳出來激犯眾怒，而是事後倚仗權勢，挑動朝廷官府進行干預鎮壓。

---

166 丁文江、趙豐田編：《梁啟超年譜長編》，第515頁。

167 《紀滿洲留學生》，《蘇報》，1903年2月28日。

168 《記滿漢留學生之衝突》，《蘇報》，1903年3月9日。

169 《滿洲留學生風潮》，《選報》，第51期，1903年5月10日。另據1903年4月12日《遊學譯編》第6冊《勸同鄉父老子弟航洋遊學書》：「某見夫在日本諸人，有血者寥寥，凡所謂流血排滿者固無有也。歲首元旦大會演說，有語侵滿洲者，滿洲之員警學生歸商之，良弼曰：『無妨也，以一頂子且每日五十兩銀子給伊等者，彼又將為我之奴隸。』夫其言誠虛矣。然計我在日本之留學生，無非求作官者，則其所見透者也。」

170 1903年4月1日《與勉兄書》，丁文江、趙豐田編：《梁啟超年譜長編》，第318頁。

長福其人是有一定典型意義的。他的思想和行動說明，甲午戰爭後，在亡國危機的刺激和歐風美雨的鼓蕩下，不僅漢族知識分子的精神面貌發生了重大變化，作為統治民族的滿族知識分子中也不可避免地發生相應的變化。他們中間既產生出像良弼那樣利用所學新知來死心踏地維護清朝統治的頑固分子，也出現了一些傾向開明，贊同改革，甚至在一定程度上同情革命的進步人士。他們本來可以而且應當為中國的革新事業貢獻力量的，可惜新勢力的政治領袖們提不出一個能夠動員包括統治民族中的進步分子在內的廣大民眾進行革命的綱領口號，排滿聲浪掩蓋了長福這一類人身上散發出來的民主精神的光芒，使其湮沒無聞，難以有所作為。長福的出現只能成為辛亥革命來臨和清政府垮臺必然性的一個小小例證。這一形象在民族偏見的長期浸漬中變得面目全非，應當根據信而有徵的史實，還其本來面目。

值得一提的是，革命大將軍鄒容雖與排滿演說無緣，但作為這次事件餘波再興的姚文甫剪辮事，倒確是他的親手傑作。

姚文甫，名昱，字文敷、文夫，浙江人氏。本為留學生，因時常出入於留日學生總監督汪大燮處，謀得南洋學生監督的職位。[171]其所犯奸私事，據留日女生胡彬記，詳情如下：「陽曆二月二日，校課畢，返舍未幾，聞同學錢（錢念劬之婦）、陳二君如怒如罵，議論紛紜。余就聽之，錢君謂余曰：『昨午舅姑設盛饌於家，我等正在醉飽喜樂之際，忽聞舅妾媚皋，乘醉請於舅前，欲嫁姚文敷。舅恐傷文敷名，故諾之。彼即於是晚如何如何。』余異而默言曰：『唉，文敷先生，先生身為監督，而若是乎。』……君識高智大，焉有不知任事盡

---

171 馮自由《革命逸史》和章炳麟《贈大將軍鄒君墓表》稱姚為陸軍學生監督，章士釗《疏〈黃帝魂〉》稱其充湖北留學生監督，均誤。當時各報所載，均指姚為南洋留學生監督。參見《日本留學陳君去病致友人書》，《蘇報》，1903年4月30日；《姚文甫》，《選報》，第51期，1903年5月10日。

責之理。媚皋身出鄙賤，固無足怪，而君則博古通今，名傾中外，何竟如斯之謬耶？」「斯事既有傷吾國體，又有傷我女學生之名，……外作惡樣，內喪天良，天下之無恥人，殆無過於汝者矣。」[172]錢、陳二君，為留日女生錢豐保、陳懋馪。錢念劬，時任留日學生監督，其父錢振常為翁同龢之婿。

此事張揚開來，留學生「大動公憤」。就表面觀之，這不過是一樁風化案，充其量是個人品行不端而影響國體尊嚴。從另一角度看，似還有點兒積極意義。然而，由此鬧成一大衝突，則別有隱情，且與排滿演說關係匪淺。

一九〇二年以後，留日學生人數增多，對政治活動的興趣不斷提高，與清政府的矛盾則逐漸激化。以前留學生事務由駐日公使兼管，一九〇二年初，蔡鈞上書外務部，指留學生受康梁影響，「熟聞邪說，沾染惡習，遂入歧邪，竟有流蕩忘返之勢。」「學業未成而根本已失，宗旨一變，則心術全乖」，加上日方「暗中引誘學生以作亂之謀，以便從而取利」，「將來學生等卒業回華，散布各省，倚為心腹，假以事權」，則「曩歲湖北之變，難免不復見於南北各省」，因此建議各省自設學堂，少派留學。[173]留學生得知此事，「皆相率致書回籍，詳論密函中所言之虛妄無稽，並極言日本之政教實有可欽。」他們抓住蔡鈞品行不端之事，借題發揮。據日本《讀賣新聞》稱：「蔡和甫星使初至東京，與各學生甚為接洽。嗣因星使常赴赤阪東京藝妓聚居之所遊宴，某學生作函規勸，遂成水火云。」[174]以後雙方矛盾日趨激烈，終於導致成城學校入學大衝突事件。為了緩和矛盾，應蔡君和留

---

172 《錄留學日本胡女士彬記南洋學生監督之劣跡》，《童子世界》，第11號，1903年4月16日。

173 《蔡星使致外務部書》，《新民叢報》，第5號，1902年4月8日。

174 《公使荒謬》，《選報》，第13期，1902年4月18日。

日學生會館的請求，清政府增派總監督一名，統一管理留學生事務。
這樣一來，矛盾衝突的焦點便由公使轉向總監督。

　　總監督不是直接管理留學生，而是通過各省各部門所派分管本籍
本部留學生的監督進行間接控制。其中一些擔任監督者思想開通，品
行端正，與留學生關係融洽，如錢恂、夏偕復等。而另一些人則媚上
欺下，為虎作倀，姚文甫便是其中典型。元旦排滿演說後，留學生與
官方矛盾急劇尖銳，身為汪大燮心腹的姚文甫從中挑撥離間，火上澆
油。「有人云唐、經、馬諸人之不送成城，劉豫生之不送聯隊，姚實
獻策為謀主。人言藉藉，咸有集矢於姚之心。又送成城時有某生數人
因不合格斥退，亦多歸怨於姚。又南洋學生之在成城者，以事故八人
共毆一人，致一人重傷」，姚欲斥革負傷者，「同鄉大嘩，群抱不
平。」在「眾怒所歸」之下，姚之「私德不飭，尤為眾所齒冷。」學
生風聞姚文甫奸私事，「一時致書於會館參議部者列數十起。又致書
於浙江同鄉之幹事，擬於大會時提出付議，且欲浙江先開一同鄉會，
辦理此事。其中有數人者，欲勒姚回國，於開大會之先啟行，如此則
此事可以略消。言之於姚，姚不料猝有此事之發難，驚駭無措。然捨
此別無解法，允於二日內之船期即行，作為自欲回國者。」[175]然而，
激進學生不甘其輕易脫身，鄒容邀集張繼、翁鞏、張軼歐、陳由己、
王孝縝等人乘夜入室，[176]執而剪辮。其經過《新世界學報》有如下詳
細而生動的記述：

　　　　陽曆三月三十一夜半，適當中國三月三之上巳佳節，姚某將就
　　　　寢，忽有六七人從容扣關入，列坐通姓名，道寒喧畢，即有一

---

175　《姚文甫》，《選報》，第51期，1903年5月10日。
176　參見沈延國：《記章太炎先生》；馮自由：《革命逸史》，第2集，第47頁。

人發言曰：「吾等此來別無他意，足下素稱能事，何不載彼美而逃，居將何待？」因歷數其罪狀。姚某猝為所中，自知無可置辭，因唯唯伏罪，言語支吾。旁有一人止之曰：「汝言我固聞之，然今日我輩之來，他亦無所要求，但願假君一物，務乞勿吝。」姚某曰：「但有所求，無不如命。身非木石，敢不知恩。」其人探懷出剃刀一柄，笑曰：「請得君之辮而甘心焉。」姚某倉皇失措，哀告曰：「諸君刀下留人。春季大會在即，諸君臨會唾罵，萬不敢辭，今日哀求寬假。」其人謙謝而起曰：「今日即是大會，此處即是會場。吾人例不空回，君固無煩遜謝。」語訖，乃真扭其髮。姚某疑將刃其喉，因以兩手抱頭縮項龜息。而持剃刀者因徐徐為之理髮，訖齊根割之，笑曰：「已訖事，去休去休。」姚某又哀請曰：「割下之辮，可以還我。」諸人笑曰：「此奇貨也，豈可再入汝手。」因致聲孟浪，拂衣逕出。……次日，懸其辮於清國留學生會館之事務室，而為之大書曰：姚文甫之辮。……姚某俟諸人既出，乃亟呼員警，露頂示之，而告以為學生攘去。員警撫摩熟視，操日語謂之曰：「大變便利デス。」意謂非常便利也。[177]

　　事後，姚文甫被撤差，狼狽遁歸，鄒容、張繼、陳由己等人也被迫離日歸國。此舉打擊了官府幫兇的氣焰，對留學生與政府的衝突做了道義評判，促使留日學界的反清情緒進一步高漲。

　　剪辮之事後來還有一陣迴瀾，繼姚文甫之後任南洋留學生監督的沈兆宜，一九〇四年又因事與學生衝突，「學生糾剪辮黨至其寓，從

---

177 巨君：《論南洋留學生監督姚文甫失辮事》，《新世界學報》，第12期，1903年3月13日。

容執沈辮剪之。沈告公使，無如之何。」[178]剪辮不僅成為留學生與官方鬥爭的有效手段，同時也是他們自己脫離清廷羈絆的象徵。一九〇三年，清廷專門下旨不准留學生剪髮易服，「無如各生已成習慣，均不肯從，惟有二三滿人尚肯聽命。」[179]排滿開始從口頭演說物化為實際行動。

---

178　《日本留學界之片影》，《大陸》，第2年第5號，1904年7月3日。
179　《日使照會》，《彙報》，第471號，1903年4月25日。

中華文化思想叢書 A0102009

# 清末新知識界的社團與活動　上冊

| | |
|---|---|
| 作　　　者 | 桑　兵 |
| 版權策畫 | 李　鋒 |
| 責任編輯 | 楊家瑜 |

| | |
|---|---|
| 發 行 人 | 陳滿銘 |
| 總 經 理 | 梁錦興 |
| 總 編 輯 | 陳滿銘 |
| 副總編輯 | 張晏瑞 |
| 編 輯 所 | 萬卷樓圖書股份有限公司 |
| 排　　版 | 林曉敏 |
| 印　　刷 | 維中科技有限公司 |
| 封面設計 | 菩薩蠻數位文化有限公司 |

出　　版　昌明文化有限公司
桃園市龜山區中原街 32 號
電話　(02)23216565
發　　行　萬卷樓圖書股份有限公司
臺北市羅斯福路二段 41 號 6 樓之 3
電話　(02)23216565
傳真　(02)23218698
電郵　SERVICE@WANJUAN.COM.TW
大陸經銷
廈門外圖臺灣書店有限公司
　電郵　JKB188@188.COM

ISBN 978-986-496-107-8
2018 年 1 月初版
定價：新臺幣 300 元

如何購買本書：

1. 劃撥購書，請透過以下郵政劃撥帳號：
　　帳號：15624015
　　戶名：萬卷樓圖書股份有限公司
2. 轉帳購書，請透過以下帳戶
　　合作金庫銀行　古亭分行
　　戶名：萬卷樓圖書股份有限公司
　　帳號：0877717092596
3. 網路購書，請透過萬卷樓網站
　　網址 WWW.WANJUAN.COM.TW

大量購書，請直接聯繫我們，將有專人為您
服務。客服：(02)23216565 分機 610

如有缺頁、破損或裝訂錯誤，請寄回更換

國家圖書館出版品預行編目資料

清末新知識界的社團與活動 / 桑兵著.-- 初
版.-- 桃園市：昌明文化出版；臺北市：萬
卷樓發行, 2018.01
　　冊；　　公分.-- (中華文化思想叢書)
ISBN 978-986-496-107-8(上冊：平裝).--
1.社會團體 2.清代
546.6　　　　　　　　　　　　107001274